Es ist uns eine große Freude, Ihnen mit dem dritten Band unseres Klostermagazins wieder einen Einblick in unsere Häuser geben zu können. Mehr als zwei Jahre ist Carola Faber durch evangelische Frauenklöster und Stifte in Norddeutschland gereist und hat diesmal vor allem die Menschen in den Blick genommen, die in den Klöstern leben und arbeiten oder ihnen verbunden sind.

Unser Leben ist so vielfältig wie die Menschen, die bei uns ein-und ausgehen. Darum haben wir bewusst sehr unterschiedliche Menschen um ihren Beitrag gebeten, doch konnte nur ein kleiner Kreis zu Wort kommen. Dass manches nur indirekt sichtbar ist, zeigt auch das Titelbild, auf dem nur die Spuren der Menschen erscheinen: Das Feuer wird geschürt und behütet, die Bäume werden beschnitten, gedüngt, gewässert, die Wege und Brücken gekehrt und erneuert, die Räume gereinigt, die Gebäude gepflegt und unterhalten.

Das Titelmotiv macht aber auch deutlich, wie tief Carola Faber unser Leben versteht, denn zwei große biblische Bilder, die unser Leben prägen, klingen hier an.

Das Feuer erinnert an das Kohlenfeuer aus einer Begegnung mit dem Auferstandenen: „Am anderen Morgen aber stand Jesus am Ufer". Nach einer Nacht, in der die Jünger ihrer Arbeit als Fischer nachgegangen waren, erwartet Jesus sie am Ufer mit Feuer und Brot und Fischen. (Joh. 21,4.9.)

Das zweite Bild eröffnet das Buch der Psalmen: Wie ein Baum, der an Wasserbächen gepflanzt ist, sind die Menschen, die Freude haben am Wort Gottes. Wer dieses Wort sinnend betrachtet, wird zur rechten Zeit Frucht bringen. (Psalm 1)

Jesus Christus selbst ist es, der am Feuer steht und der immer schon auf uns wartet. Ihm begegnen wir in unseren Mitmenschen und im Strom der Gebete. Wir sind gefragt – an diesem Ort, mit diesen Menschen, in unserem Beten und Tun. Und zugleich dürfen wir wissen, dass für alles gesorgt ist.

Das Feuer zu hüten, den Strom des Gebetes in unserem Leben lebendig zu halten, bleibt unsere Aufgabe – innerhalb und außerhalb des Klosters.

Dass unsere Bilder und Berichte Sie anregen mögen, uns zu besuchen – und an Ihrem Lebensort das Feuer zu hüten und Frucht zu bringen, wünschen wir Ihnen von Herzen.

Ihre evangelischen Äbtissinnen

„Ein großes Geschenk“
Kloster Ebstorf

„Freude am Morgen“
Stift Fischbeck

„Kleine Gemeinde ganz groß“
Kloster Barsinghausen

„Ständige Erinnerung“
Kloster Lüne

„Warum wir hier sind“
Kloster Mariensee

„Ganz in der Mitte“
Kloster Isenhagen

„Ein Ort für Frauen“
Stift Obernkirchen

„Brot und Fische“
Kloster Walsrode

„Ein Gartendenkmal wird herausgeputzt“
Kloster Marienwerder

„Wie viele vor mir“
Kloster Wienhausen

„Vom Kern der Dinge“
Kloster Wennigsen

„Klänge, die berühren“
Kloster Wülfinghausen

HAMBURG
BREMEN
HANNOVER
Kloster Lüne
Kloster Ebstorf
Kloster Walsrode
Kloster Isenhagen
Kloster Wienhausen
Kloster Mariensee
Kloster Marienwerder
Kloster Barsinghausen
Stift Obernkirchen
Kloster Wennigsen
Stift Fischbeck
Kloster Wülfinghausen

Inhalt

IMPRESSUM:

Herausgegeben 2016
für den Generalkonvent e.V.:
Äbtissin Bärbel Görcke M.A.
Höltystraße 1
31535 Neustadt am Rübenberge
www.generalkonvent.de

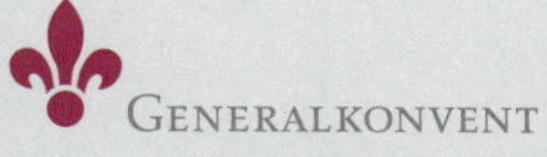

Fotos und Texte: Carola Faber
Gestaltung: S:DESIGN, Rüdiger Schubert
Druck: gutenberg beuys feindruckerei

Gedruckt auf 100% Recyclingpapier

Kloster Barsinghausen

Marlies Carstens, Konventualin

Die Lebensform in einem evangelischen Kloster habe ich schon vor etwa zehn Jahren als eine interessante Alternative für allein stehende Frauen im Ruhestand empfunden. Ganz bewusst habe ich mich 2012 auf die Suche begeben. Der Glaubensweg und die Liebe zum Gebet waren natürlich entscheidend. Das Klosterleben mit Stundengebet hatte ich bereits während verschiedener Klosterurlaube kennen gelernt. Ich spürte eine Sehnsucht, meinem Leben noch einmal eine andere Richtung zu geben.
Durch Nachfrage habe ich erfahren, dass auch für berufstätige Frauen ein Leben im Kloster möglich ist. Sehr positiv empfand ich es, dass man das Klosterleben im Rahmen eines Probewohnens ausprobieren kann. Mit Frauen gemeinsam leben, zu beten und zu arbeiten – eine erfüllende Herausforderung. Früher lebte ich in Hamburg, arbeitete in einem Alten- und Pflegeheim als Wohnbereichsleitung. Ich bin geschieden, habe drei Kinder und zwei Enkel. Meine Familie steht hinter meiner Entscheidung. Wir treffen uns regelmäßig. Das Großstadtleben vermisse ich nicht. Im Gegenteil. Das Klosterleben in dieser Umgebung empfinde ich als Luxus. Ich habe hier eine eigene Wohnung und genieße, wenn es die Zeit erlaubt, den schönen Klostergarten.

Zu meinen aktuellen Aufgaben als Konventualin gehören die Teilnahme an den Gebetszeiten, mich am Leben in der Klostergemeinschaft beteiligen, bei Bedarf Gartenarbeit, Feste und Veranstaltungen mitgestalten, Verwaltungsaufgaben im Büro übernehmen, Äbtissinnenvertretung.

Seit Oktober 2014 bin ich Mitarbeiterin bei inspiratio, einer Einrichtung der Landeskirche Hannover hier im Kloster für erschöpfte Pastorinnen und Pastoren sowie hauptamtliche Mitarbeiterinnen und Mitarbeiter. Ich kümmere mich um die Hauswirtschaft.

Oft höre ich die Frage: Musst du eine Tracht tragen? Viele haben gleich das Bild einer Nonne vor sich. Als Konventualin trage ich weiße Bluse und schwarzen Rock im Gottesdienst oder bei öffentlichen Terminen. In den Gebetszeiten heller Leinenrock und schwarze Tunika, außerhalb dieser Zeiten ganz normale Privatkleidung. Das große Ornat (schwarzer Schleier und schwarze Oberbekleidung mit Orden) wird nur zu besonderen Anlässen getragen.

Ich gehöre seit 2011 auch zur Evangelischen Schwesternschaft Ordo Pacis, die es seit ungefähr 60 Jahren gibt. Das sind rund 45 Frauen in allen Lebensformen, die in ganz Deutschland verteilt ihre Berufung leben: Leben im Gebet, den Frieden Christi in die Welt tragen, jede an ihrem Lebensort. Wir treffen uns zu Konventen und Retraiten.

Manuela Köhler, Konventualin

Ich lebe seit 2012 im Kloster Barsinghausen. Meiner Entscheidung für ein Leben im Kloster geht meine christliche Erziehung sowie ein persönliches Schlüsselerlebnis im Jahre 2009 voraus, das mein gesamtes vorherige Leben in Frage stellte und mich zu einer völligen Neuorientierung führte. So beendete ich im Alter von 47 Jahren meine Tätigkeit als Floristin und begann ein vierjähriges Studium der psychosozialen Kunsttherapie. Außerdem fühlte ich eine tiefe Sehnsucht zum täglichen innigen Gebet, die mich in den damaligen Außenkonvent der Christusbruderschaft Selbitz in Magdeburg führte. Fortan nahm ich dort an den täglichen Gebeten teil, welche mir sehr viel Kraft gaben und meinen Glauben mehr und mehr vertieften. Worte aus Psalm 73 wurden für mich Wegbereiter und waren der Grundstein für meine Neuorientierung in Richtung eines Lebens in Gemeinschaft, die durch den Rhythmus der Tagzeitengebete bestimmt wird. Nützlich war mir zu dieser Zeit mein Studium, das mir in Form von Supervision und Selbstreflexion die Möglichkeit bot, meine Neuorientierung noch einmal sorgsam zu prüfen und mir darüber Klarheit zu verschaffen.

So folgte ich meiner Sehnsucht, immer wieder die Liebe unseres Herrn spürend. Ich suchte Antworten auf meine Fragen, wohin mein Weg führen sollte bei Einkehr- und Besinnungszeiten im Kloster Drübeck. Während einer dieser Besinnungszeiten erreichte mich durch die Leiterin des „Haus der Stille“ der Hilferuf nach Unterstützung für den Konvent im Kloster Barsinghausen, der von der Diakonischen Schwesternschaft Wolmirstedt e. V. (jetzt „Quellgrund e.V – Christliche Weggemeinschaft) ausging. Deutlich spürte ich eine Wegweisung unseres Herrn und so stand mein Entschluss sehr schnell fest, mein Leben fortan diesem Konvent zu widmen.

So begann zunächst meine einjährige Probezeit und im Jahre 2013 meine Einführung als Konventualin im Kloster Barsinghausen. Ich spürte sofort und bis heute unverändert, dass ich auf dem richtigen Weg bin. Meine Aufgaben kristallisierten sich hier schnell heraus und konkretisierten sich. So gehört der Küsterdienst, bei dem ich meine Kreativität durch den Blumenschmuck leben kann, das meditative Tanzangebot, die Gruppenbegleitung mit meiner psychosozialen kunsttherapeutischen Beratung (im Auftrage des Inspiratio Kloster Barsinghausen) sowie die Begleitung und Gestaltung des Kinderklosters dazu.

Im Rückblick auf meine Wegführung beende ich jeden Tag in tiefer Dankbarkeit mit den Worten „Lobe den Herrn, meine Seele, und vergiss nicht, was er dir Gutes getan hat.“ aus Psalm 103.

Geflügelcremesuppe

750 g Hähnchenbrustfilet
40 g Butter
Salz, Pfeffer
4 EL Curry
100 g Mehl
2 l Hühnerbrühe
375 ml Sahne
6 EL Weißwein
1 Dose Mandarinenspalten oder Ananasstücke

Hähnchenbrustfilet in etwa 1 x 1 cm große Stücken schneiden und unter Wenden in der Butter rundum braun anbraten. Mit wenig Salz, Pfeffer und Curry würzen, mit Mehl überstäuben, wenden. Hühnerbrühe und Sahne zufügen, vermischen und zugedeckt etwa 30 Minuten garen. Die abgetropften Früchte zugeben, etwa 10 Minuten ziehen lassen. Dann die Suppe mit Wein, etwas Fruchtsaft und eventuell noch etwas Salz und Currypulver würzen (für 8 bis 10 Portionen).

Quark-Obst-Speise

500 g Quark
500 g Früchte (Erdbeeren, Mandarinen, Orangen)
200 ml Schlagsahne
1 Päckchen Vanillezucker
Zucker

Die Früchte in kleine Stücke schneiden, mit etwas Zucker bestreuen und durchmischen. Quark je nach Geschmack mit Zucker und Vanillezucker süßen.

Die geschlagene Sahne unter den Quark heben und glatt rühren.

Die geschnittenen Früchte in eine Glasschale geben und den Quark darüber verteilen. (für 6 Portionen)

Kinderkloster – Kleine Gemeinde ganz groß

Immer wenn freitags die Türglocke klingelt, freue ich mich, denn die Kinder aus dem benachbarten Gemeindekindergarten „Marienkäfer“ kommen zum Kinderkloster. Unter der Leitung von Konventualin Manuela Köhler werden sie einen belebenden, abwechslungsreichen Vormittag erleben. In der Töpferwerkstatt gestalten sie schöpferisch, sie lernen christliche Glaubensinhalte kennen, bewegen sich zum Ausgleich und beten gemeinsam mit uns. Es ist so schön, in die kleinen erwartungsvollen Gesichter zu schauen.

Äbtissin Sr. Barbara Silbe

Kloster Barsinghausen

Bergamtstraße 8
30890 Barsinghausen
Telefon und Fax (0 51 05) 6 19 38
www.kloster-barsinghausen.de

Die Klosterführungen finden von April bis Oktober jeden ersten Mittwoch im Monat um 15 Uhr sowie nach Vereinbarung statt. Der Klostergarten ist im Rahmen einer Gartenführung zu besichtigen. Termine werden jeweils veröffentlicht. Tagzeitengebete finden von Montag bis Freitag um 8 Uhr, 12 Uhr und 18 Uhr statt.

Kloster Ebstorf

Anne Stucke, Pastorin an der Klosterkirche Ebstorf

In der Kirchengemeinde Wendhausen im Kirchenkreis Hildesheimer Land wurde ich 1996 ordiniert und bin seit 1999 in der Mauritius-Kirchengemeinde Ebstorf tätig. Mich verbindet mit dem Kloster Ebstorf vor allem die Nachbarschaft. In dem jetzigen Pfarrhaus, das unmittelbar an die Klostermauer grenzt, befand sich früher die Küsterei. Außerdem bin ich vom Pfarrbezirk her als Seelsorgerin für den Konvent des Klosters zuständig.

Am Kloster Ebstorf gefällt mir, dass es seit seiner Gründung im Mittelalter nahezu vollständig erhalten geblieben ist. Die alten Mauern in Kloster und Kirche sind durchweht vom Geist durchbeteter Räume. Der Kreuzgang ist wunderschön, ebenso der Nonnenchor. Man kann sich gut vorstellen, wie damals die Benediktinerinnen, später die Konventualinnen, an diesen Orten geistlich gelebt haben. Mich fasziniert der Gedanke, dass wir hineingenommen sind in eine lange Reihe von Menschen, die vor uns und mit uns gebetet, gelobt, geklagt, gedankt und gesungen haben. Diese jahrhundertealte Tradition hat etwas sehr Erhabenes, der Umgang mit ihr kann aber auch schwierig sein, wenn es gilt, die Tradition zu bewahren und zugleich Neues zu wagen. Kloster und Klosterkirche sind ein Schatz. Aufgewachsen bin ich in Mellendorf / Region Hannover mit drei Geschwistern und drei Generationen unter einem Dach, in einem Gasthaus in unmittelbarer Nähe zur Kirche. Sowohl mein Großvater als auch mein Vater waren Absolventen der Georgsanstalt Ebstorf – insofern knüpfe ich als Pastorin hier an eine familiäre „Ebstorf-Tradition" an.

In meiner freien Zeit lese ich gern, höre Musik, interessiere mich für Geschichte, Literatur, Kunst und Kultur. Ich bin Single, bin dankbar für ein tolles Netz familiärer und freundschaftlicher Beziehungen, freue mich über meine Katze Lena und bin gern Pastorin in der Mauritius-Gemeinde und an der Klosterkirche, die seit der letzten Renovierung (2014/15) wirklich wunderschön geworden ist!

Sybille Tomala, Sekretärin

Durch Stellenanzeige bin ich zu diesem Arbeitsplatz gekommen, weil meine Vorgängerin in Rente ging. Seit dem 1. Januar 2005 bin ich hier tätig. Ich bin verheiratet und habe zwei erwachsene Kinder. Zu meinen Hobbys gehören Radfahren, Stricken und Schwimmen.

Die Arbeit im Kloster Ebstorf bereitet mir allgemein Freude. Es macht Spaß, mit den Menschen zu reden und mit den netten Kollegen zusammenzuarbeiten. Hier herrscht ein gutes Klima. Mir wird bei meiner Tätigkeit viel Freiraum gelassen, so dass ich selbstständig arbeiten kann. Das ist angenehm und ich empfinde es als einen besonderen Vertrauensbeweis.

Und es gibt hier wunderschöne Plätze und Bereiche. Mein persönlicher Lieblingsort ist der Kreuzgang mit den farbigen Fenstern bei Sonnenschein.

Meine ursprüngliche Arbeitszeit hier im Büro betrug 20 Stunden. Da der Arbeitsumfang aber immer mehr wurde, ist die Stundenanzahl auf 30 erhöht worden. Vorher war ich als Buchhalterin in Betrieben der freien Wirtschaft tätig. Das war ganz anders als im Kloster. Hier im Kloster kann man nicht einfach beim Stundenschlag den Stift fallen lassen. Ein offenes Ohr und Zeit für die Besucher und die Gäste sind wichtig. Oft möchten Anrufer auch Informationen erhalten, die nicht nur den Klosterbesuch direkt betreffen. Es bewegt sich hier vieles auf einer eher persönlichen Ebene. Von manchen Gästen bekommen wir Dankesbriefe oder eine andere persönliche Rückmeldung. Diese kleinen Gesten sind für uns immer eine große Freude.

Natürlich besuche ich auch die Veranstaltungen im Kloster. Ich stehe ja zum Beispiel bei den Konzerten an der Kasse. So ist es fast selbstverständlich, dass ich mir diese Musik dann auch gerne anhöre. Durch den Kontakt zu den Musikern habe ich zu unterschiedlichen musikalischen Stilrichtungen und Epochen, wie beispielsweise der klassischen Musik, Zugang gefunden. Ohne meine Tätigkeit im Kloster hätte ich diese Musikrichtung vielleicht nie so gut kennengelernt. Das sind besonders schöne Augenblicke.

Sommerliche Gemüsesuppe

400 g Mett
2 EL Speiseöl
300 g Kartoffeln
1 – 2 Kohlrabi
2 Stangen Lauch
800 g Erbsen
700 ml Brühe
Pfeffer gemahlen
Gartenkräuter gehackt

Das Mett zu kleinen Bällchen formen und im erhitzten Öl im Topf anbraten, danach herausnehmen. Lauch putzen, waschen und in Ringe schneiden. Kohlrabi und Kartoffeln schälen, waschen. In Stifte oder Würfel schneiden und im verbliebenen Bratfett andünsten. Brühe angießen, aufkochen und ca. 15 Minuten garen. Die Mettbällchen im letzten Drittel der Garzeit dazugeben und mitgaren. Erbsen abtropfen lassen, hinzugeben und kurz miterhitzen. Mit Salz und Pfeffer abschmecken. Vor dem Servieren mit Kräutern bestreuen.

Klaus Meierhoff, Hausmeister

Eine kleine Anzeige war der Auslöser für meine Bewerbung als Hausmeister im öffentlichen Dienst. Ich bin gelernter Schlosser und Tischler, war 1975/ 1976 bei der Bundeswehr und suchte danach nach einer Stellung. Es gab damals 360 Bewerber und ich habe ein halbes oder dreiviertel Jahr auf eine Antwort gewartet. Dann erfuhr ich, dass es sich um eine Stelle in Medingen handelte. Beim nachfolgenden Bewerbungsgespräch fragte man mich, warum ich mich als gebürtiger Ebstorfer nicht für die Stelle in meinem Heimatort interessiere. Dass hier jemand gesucht wurde, war mir damals nicht bekannt. Ein unverhoffter Besuch der damaligen Äbtissin, einer ehemaligen Handarbeits- und Hauswirtschaftslehrerin, bei uns zuhause brachte die Entscheidung. Ich wurde eingestellt. Damit kam ich durch einen glücklichen Zufall 1977 zu meinem heutigen Beruf. Unsere Kinder, die inzwischen 34 und 38 Jahre alt sind, wuchsen im Kloster auf.

Eine der aufwändigsten Arbeiten während meiner mehr als 40jährigen Dienstzeit im Kloster war ein Problem im Langen Schlafhaus. Ein 140 Zentimeter langer und 40 Zentimeter dicker Eichenbalken war abgesunken. Auf ihm lastete die ganze Spannung des 113 Meter langen Gebäudes. Die Situation war sehr prickelnd. Solche aufregenden oder spannenden Erlebnisse gab es immer wieder.

Bei der neuesten Kirchenrenovierung entdeckten wir eine Wandmalerei. Sie stammt vermutlich aus dem 15. Jahrhundert. Das hat uns alle sehr bewegt. Ich denke immer, so muss das bei der Öffnung der Pyramiden gewesen sein.

Zu meinen Lieblingsplätzen am Kloster gehört meine Terrasse, denn sie bietet einen eindrucksvollen Blick auf das Lange Schlafhaus. Hier sieht man die unterschiedlichen Bauphasen verschiedener Epochen. Es ist einfach wunderbar, hier zu leben.

Jeden Morgen habe ich mit der Äbtissin eine Dienstbesprechung, um alles zu organisieren. Unseren Mitarbeitern, die für Ordnung und Sauberkeit der ganzen Anlage sorgen, stehen ein Aufenthaltsraum und eine Dusche zur Verfügung. Die Äbtissin hat ihren Anteil am Gartenland seit einigen Jahren als Gemüsegarten zur Verfügung gestellt, aus dem alle Menschen, die zum Kloster gehören – natürlich immer mit Bedacht – ernten können.

Wenn man im Kloster lebt, ist es wichtig, sich zurückzunehmen. Füreinander da sein und aufeinander hören, das gehört eben auch dazu.

Schmorgurken mit Wurstbällchen

3 ungebrühte Bratwürste
1 kg Schmorgurken
1 EL Öl
1 – 2 TL Gemüsebrühe
100 g Schmand
2 EL Mehl
1 EL körniger Senf
Dill
½ TL Zucker
Salz
weißer Pfeffer
½ l Wasser

Öl in einer Pfanne erhitzen. Aus der Haut gedrücktes Bratwurstbrät als Bällchen in das Öl fallen lassen und ca. 6 Minuten braten. In dieser Zeit die Gurken schälen, waschen und längs halbieren, Kerne entfernen und die Gurke in Stücke schneiden. Die Wurstbällchen aus dem Öl nehmen. Die Gurken im Bratfett etwa 5 Minuten kräftig anbraten und leicht mit Salz und Pfeffer würzen. Mit dem Wasser ablöschen und wieder aufkochen, die Brühe einrühren. Alles zugedeckt ca. 15 Minuten schmoren lassen. Dill waschen, trocknen und fein schneiden. Mit dem Schmand unter die Gurken rühren und mit dem Mehl leicht binden. Die Wurstbällchen zugeben, aufkochen, mit Salz, Pfeffer, Senf und Zucker abschmecken und mit Dill garnieren.
Dazu schmeckt Kartoffelpüree.

Äbtissin Erika Krüger

Ein großes Geschenk

Immer, wenn ich die kleine spätromanische Madonna ansehe, werde ich an den einen Bibelvers erinnert:

…also hat Gott die Welt geliebt, dass er seinen eingeborenen Sohn gab, damit alle, die an ihn glauben, nicht verloren werden, sondern das ewige Leben haben. (Joh. 3,16)

Die „thronende Madonna" aus Eichenholz – knapp 50 cm groß und ehemals bemalt – ist um 1230 entstanden. Über den Künstler, der sie geschaffen hat, ist nichts bekannt. Ihr Gesicht und das Lilienzepter wurden im 19. Jahrhundert ergänzt.

Kloster Ebstorf

Kirchplatz 10
29574 Ebstorf
Telefon: (0 58 22) 2304
Fax (05822) 2319
www.kloster-ebstorf.de
presse@kloster-ebstorf.de

Das Büro hat montags bis freitags von 8.30 bis 12.30 Uhr geöffnet.
Einlass vom 1. April bis 15. Oktober: Dienstags bis sonnabends von 10 bis 11 Uhr und von 14 bis 17 Uhr. Sonntags und an kirchlichen Feiertagen um 11.15 Uhr und von 14 Uhr bis 17 Uhr.
Vom 16. bis 31. Oktober gibt es jeweils nur eine Führung um 14 Uhr.
Gruppenanmeldungen sind rechtzeitig erforderlich. Montags und Karfreitag bleibt das Kloster geschlossen. Im April/Mai und Oktober/November finden auf dem Nonnenchor und im Alten Refektorium Konzerte und während der ganzen Saison in der Propsteihalle Ausstellungen verschiedener regionaler Künstler statt.

Stift Fischbeck

Camilla Dormagen, Kapitularin

Durch Zufall schnappte ich in einer Fernsehsendung einen Hinweis zum Leben in „freiweltlichen Damenstiften" auf. Umgehend recherchierte ich im Internet und stieß schnell auf das Stift Fischbeck. Einen ersten Kontakt nahm ich 2011 auf. Sofort spürte ich, dass ich mich an diesem Ort wohlfühlen kann. Im Herbst 2014 zog ich ein. Die feierliche Einführung fand zu Pfingsten 2015 statt.

Zuvor habe ich 41 Dienstjahre in der Grundschule verbracht, davon 25 Jahre als Leitung in Duisburg. Studiert habe ich die Fächer Sport, Deutsch und Englisch.

Für die Zeit nach der Pensionierung wollte ich nicht einsam und verloren leben, sondern in einer Gemeinschaft, die einen hohen Grad an Individualität zulässt. Eine Gemeinschaft, die auf ein gemeinsames, hier christliches, Werte-Fundament gegründet ist, die seit über 1000 Jahren fortbesteht und immer wieder neu zusammen wächst, spiegelt Stabilität wider und beeindruckt mich sehr.

Zu meinen besonderen Tätigkeiten im Stift gehören Führungen sowie die Koordination der Führungen, die Betreuung des Torhauses und die Kontaktpflege zu den Dorfgemeinschaften.

Da ich keine Familie habe, fiel mir der Wechsel vom Rhein zur Weser – nach 55 Jahren im Ruhrgebiet – nicht schwer. Auch die Veränderung vom Stadt- zum Landleben in Fischbeck genieße ich sehr. Der Garten ist sogar zu meinem Hobby geworden und das Walken um den Finnenberg ebenfalls. Nach wie vor verreise ich, spiele Tennis, fahre Rad und Alpinski, spiele Karten, ...und das alles leidenschaftlich gern.

Champignonsalat

250 g Champignons
2 - 4 EL Zitronensaft
Meersalz
Frisch gemahlener weißer Pfeffer
1 TL Honig
1 mittelgroße Zwiebel
2 EL gehackte Kräuter, z. B. Kerbel, Pimpinelle und Petersilie

Die Champignons mi einem Pinsel putzen und in dünne Scheiben schneiden. Für die Salatsauce Zitronensaft mit dem Olivenöl verschlagen. Mit Meersalz, frisch gemahlenem weißen Pfeffer sowie Honig würzen. Die Zwiebel abziehen, würfeln und mit gehackten Kräutern unterrühren. Die Champignonscheiben in die Salatsauce geben, vermengen und sofort servieren. (Vorspeise für 4 Personen)

Ursula Schroeder, Kapitularin

Nach den Jahren im Schuldienst – allein 36 Jahre am Albert-Einstein-Gymnasium in Hameln – und als mein Mann verstarb, begann für mich ein neuer, letzter Lebensabschnitt. Die Vorstellung von einem Leben in geistlicher Gemeinschaft hatte mich schon längere Zeit begleitet. Nun lag das Stift Fischbeck ganz in der Nähe meines Wohnortes und ich habe mich behutsam dem Ort und dem Kapitel genähert. Die Schönheit der Gärten, die großartige Kirche, die Atmosphäre des gesamten Ensembles mit seinen Zeugnissen vom Leben und Arbeiten in vielen Jahrhunderten haben mich begeistert und sind jeden Tag eine Quelle der Dankbarkeit und auch Inspiration. Der besonderen Akustik in Kirche und Krypta nachzuspüren, zu erforschen, was diese Räume von uns erwarten, wie wir einschwingen in das, was hier seit Jahrhunderten klingt, ist eine Aufgabe, der ich mich in aller Demut stelle. So bin ich glücklich, dass wir die Tradition des gesungenen Stundengebets wieder aufgenommen haben. Hier fühlen wir uns den Frauen, die vor uns an diesem Ort gelebt und gebetet haben, schwesterlich verbunden, aber auch den Menschen, die als Pilger oder Besucher heute den Weg zu uns finden.

Freundlich zeigt sich unsere kostbare Hillebrand-Berner-Orgel den Organisten, die häufig von weit her anreisen, um das Instrument im Rahmen der Orgelkonzertreihe kennenzulernen und zum Klingen zu bringen. Gern erweisen wir den Künstlern, die bei ihren Konzerten die besondere Akustik unseres Kirchenraumes schätzen, in klösterlicher Tradition Gastfreundschaft. Ich bin sehr dankbar, dass mir die Musik im Alter noch so viele beglückende Begegnungen schenkt

Gefüllte Fenchelschiffchen

3 Fenchelknollen
Cocktailtomaten
Roquefort
Pfeffer
50 g geröstete Pinienkerne
Dekoration: etwas Fenchellaub, Orangenscheiben, kleine gedünstete Cocktailtomaten

Die Fenchelknollen waschen, halbieren, den inneren Teil der Knolle entfernen und die ausgehöhlten Fenchelschiffchen in Salzwasser dünsten. Währenddessen werden die herausgeschnittenen Fenchelteile kleingeschnitten und mit etwas Olivenöl in der Pfanne gedünstet, die halbierten Cocktailtomaten dazugegeben und nach Geschmack kleingeschnittene Stücke des Roqueforts untergezogen. Die Füllung soll etwas sämig sein. Die Pinienkerne in einer Pfanne ohne Fett rösten. Die gedünsteten Fenchelschiffchen werden auf einer Platte angerichtet, mit der Füllung versehen und mit Pinienkernen bestreut. (Vorspeise für 6 Personen)

Waltraud Menge, Kapitularin

Seit März 2015 lebe ich im Stift Fischbeck und wurde wenige Wochen später am Pfingstsonntag zusammen mit drei anderen Kapitularinnen eingeführt. Ich bin Westfälin, gebürtige (im Herzen immer noch) Sauerländerin aus Arnsberg. Beruflich war ich als selbständige Versicherungskauffrau tätig. Der Wunsch, im Ruhestand ein wirklich erfülltes Leben zu führen, ist schon sehr früh aufgekommen. Es war in mir die Sehnsucht, nach einem intensiven Familien- und Berufsleben meine Zeit mit mehr als nur Museumsbesuchen zu verbringen. Nachdem mein Mann verstorben war, verfestigte sich immer mehr der Gedanke, in einer christlich geprägten Frauengemeinschaft zu leben. Im Stift Fischbeck habe ich gefunden, was mir wichtig ist.

Als guten Start in den Tag treffen wir uns jeden Morgen um 9 Uhr in der Kirche, um die Mette, das Morgengebet, zu singen. Untereinander haben wir eine große Verbindlichkeit, trotzdem bleibt die Individualität jeder einzelnen Kapitularin erhalten und jede kann ihren eigenen Neigungen nachgehen. Ich genieße zum Beispiel sehr unsere wundervollen Gärten, kann dort Energie tanken, Ruhe fühlen und mich beim Lesen entspannen. Ich reise auch sehr gerne und möchte auch zukünftig noch einiges von der Welt sehen. Im Rahmen unseres gemeinschaftlichen Lebens hat sich inzwischen im Stift eine Kartenspielrunde zusammengefunden, die sich sonntagnachmittags zu Doppelkopf oder Skat trifft. Jede von uns hat Aufgaben übernommen. Zu meinen Aufgaben gehören unter anderem die Mitarbeit in der Verwaltung des Friedhofs, der zum Stift gehört, und Gästeführungen durch das Stift.

Zitronencreme

6 frische Eier
gut 100 g Zucker
Saft von 3 Zitronen
6 Blatt weiße Gelatine
einen Schuss Weißwein
Dekoration

Eier trennen. Eigelb mit dem Zucker schaumig rühren – der Zucker muss vollständig aufgelöst sein. Zitronensaft und Weißwein vorsichtig dazugeben. Die eingeweichte Gelatine bei sehr geringer Hitze auflösen und langsam unter ständigem Rühren zur Creme geben. Kalt stellen.
Eiweiß sehr steif schlagen und unter die gelierende Creme geben. Kalt stellen.
Die Zitronencreme kann alternativ mit Sahnehäubchen, Zitronenmelisse, Schokostreuseln oder dünnen Scheiben von Biozitronen dekoriert werden.

Äbtissin Katrin Woitack

Freude am Morgen

Das fröhliche Lächeln der Heilwig zur Lippe auf dem Epitaph im Chorraum erfreut mich jeden Morgen beim Singen der Mette, besonders wenn die Sonne durch die Fenster scheint und das Relief farbig anleuchtet.
„Dies ist der Tag, den der Herr macht; laßt uns freuen und fröhlich an ihm sein. O Herr hilf! O Herr, laß wohlgelingen." Ps. 118,24f

Stift Fischbeck

Im Stift 6 a
31840 Hessisch Oldendorf
Telefon (0 51 52) 86 03
Fax (0 51 52) 96 24 89
Internet: www.stift-fischbeck.de

Führungen finden von Ostersonntag bis 31. Oktober statt. Die Stiftskirche ist dienstags bis sonntags von 9 bis 16.30 Uhr geöffnet. Die tägliche Führung (außer Montag) beginnt um 14.30 Uhr am Torhaus. Weitere Informationen und das Formular für die Anmeldungen zu den Führungen sind auf der Homepage erhältlich.

Kloster Isenhagen

Ingelore Klindworth, Konventualin und Kapellenbeauftragte

Seit mehr als 10 Jahren ist meine Heimat als Konventualin das ehemalige Zisterzienserinnenkloster Isenhagen. Da ich mich schon während meiner Berufstätigkeit in Hamburg für die abendländisch-christliche Kunst interessierte, unternahm ich Studienfahrten mit kunsthistorischer Begleitung nach Italien. So war es eine glückliche Fügung, als ich die Lebensform für Frauen in evangelischen Klöstern für mich entdeckte.

Hier kann ich nicht nur meine kulturelles Verständnis vertiefen, sondern meine eigenen künstlerischen Arbeiten weiter ausführen. Mein kleines Sommeratelier ist der ehemalige Hühnerstall; im Winter arbeite ich in meinem Wohnzimmer. Es ist zugleich Werkstatt und Galerie. Meine Mosaike, Skulpturen und Bilder waren schon in Hamburger Ausstellungen zu sehen.

Zu meinen klösterlichen Aufgaben gehören die Führungen der Gäste, die Pflege unserer Andachtskapelle und die Betreuung unserer Tracht. Durch das Tragen dieser Tracht machen wir äußerlich unsere innere Haltung bei Gemeindegottesdiensten und festlichen Anlässen sichtbar. Besonders wichtig

ist unsere Haube. Als einziges Heidekloster stecken wir die vielen Einzelteile aus Satinbändern, Gazeschleier und gesticktem Stirnband aufwendig noch mit Nadeln zusammen. Diese Kenntnisse der Haubentechnik habe ich von meiner Vorgängerin erlernt. Und ich werde diese Tradition gern an meine Nachfolgerin weitergeben. Aber sie wird sich noch gedulden müssen, denn Konventualinnen werden alt.

Frau Bartels' Sahnereis

½ l Milch
1 Prise Salz
½ Vanillestange
70 g Rundkornreis
1 Päckchen gemahlene weiße Gelatine
¼ l Sahne

Milch, Salz, Zucker und Vanillestange aufkochen. Reis dazugeben und etwa eine halbe Stunde ziehen lassen. Gelatine nach Anweisung auflösen und quellen lassen. Mit dem Reis verrühren. Die geschlagene Sahne unter den abgekühlten Reis ziehen.
Dazu: Frische Erdbeeren – lecker! (für 4 Personen)

Elisabeth von der Decken, Konventualin und Archivarin

Aufgewachsen bin ich jenseits der Oder. Seit 1945 lebe ich in Niedersachen und seit vielen Jahren auch jenseits der Ise, einem Heideflüsschen, das dem Kloster seinen Namen gab. Nach dem Tod meines Mannes fand ich hier eine neue Aufgabe. Als Archivarin betreue ich seither mehr als 500 Urkunden und historisch einzigartige Dokumente der Kulturgeschichte dieses Ortes. Seit dem Mittelalter unterstreichen sie seine Bedeutung im Bistum Hildesheim.

Dieses ehemalige Zisterzienserinnenkloster, gestiftet von Agnes von Landsberg, ist nicht nur mir zur Heimat geworden. Auch für meine drei Kinder mit ihren Familien, insbesondere für die acht Enkelkinder, hat es sich zu einem geliebten und vertrauten Ort entwickelt. Zwei von ihnen wurden sogar hier in dem von Amtmann Caspar Kichler im Jahr 1621 gestifteten Taufbecken getauft. Und meine Enkelin Agnes trägt den Namen der Stifterin der Klöster Isenhagen und Wienhausen. Ihre Verbundenheit zeigt meine Familie durch die häufigen Besuche. Alle genießen die Atmosphäre dieses besonderen Ortes, seine kraftspendende Ruhe, seine schlichte Architektur und seine Kunstschätze, deren Besonderheit sich erst auf den zweiten Blick erschließt. So hat sich einer meiner Enkel in diesem Sommer hierher zurückgezogen, um an seiner Dissertation zu arbeiten. Und es ist ganz selbstverständlich, dass er, wie alle Mitglieder meiner Familie, am Mittagsgebet des Konvents teilnimmt.

Birnen-Auflauf nach Klosterart

50 g Speck
4 – 5 Birnen (je nach Größe) schälen, halbieren, Kerngehäuse entfernen
250 g Mehl
4 – 5 EL Zucker
1 Ei
¼ l Milch
1 Prise Salz
½ P. Backpulver

Eine gefettete Auflaufform mit den Speckscheiben auslegen, Birnen darauf verteilen.
Das Ei trennen. Aus den übrigen Zutaten unter Verwendung des Eigelbs einen Teig herstellen, das geschlagene Eiweiß unterziehen; den Teig auf die Birnen geben.
1 Stunde bei ca. 180 Grad backen.
Dazu: Vanillesoße. (für 4 Personen)
Ein unwiderstehlich gutes Mittagessen für Naschkatzen – nicht nur in Klöstern!

Ivenacker Mandelspeise

(mündlich überliefert aus dem 19. Jahrhundert)

250 g Butter
250 g feiner Zucker
4 Eier
250 g sehr fein gemahlene Mandeln
Löffelbiskuit

Butter schaumig schlagen, nach und nach Zucker, Eier und gemahlene Mandeln unterrühren. (Braucht Zeit und sollte sehr sorgfältig ausgeführt werden!)
Eine runde Porzellanform am Boden und am Rand mit Löffelbiskuit auslegen, die Masse hineingeben und eine halbe Stunde mit einem Teller beschweren, damit die Speise fest gepresst wird.
Die Schale auf Eis stellen und die Speise einen Tag ruhen lassen.
Eine köstliche, sehr sättigende Nachspeise für Festtage!

Äbtissin Susanne Jäger

Ganz in der Mitte

Ausspannen nach einem hektischen Tag, zur Ruhe kommen und die Gedanken sich sammeln lassen – der Innenhof des Klosters ist dafür ein idealer Ort. Ob friedliche Abendstille oder sonntägliche Mittagszeit, der Innenhof bietet zugleich einen geschützten und beschützenden Raum, vermittelt durch seine Ausmaße aber auch Freiheit und Großzügigkeit.

Kloster Isenhagen

Klosterstraße 2
29386 Hankensbüttel
Telefon: (0 58 32) 3 13
Fax (0 58 32) 97 94 08
www.kloster-isenhagen.de
info@kloster-isenhagen.de

Klosterführungen finden vom 1. April bis zum 15. Oktober, dienstags bis sonntags 14.30 Uhr bis 17.00 Uhr statt. Letzter Einlass ist 16.30 Uhr. Da das Kloster bewohnt ist, kann es nur im Rahmen von Führungen besichtigt werden. Karfreitag und anlässlich besonderer Veranstaltungen finden keine Führungen statt.

Kloster Lüne

Charlotte Pattenden, Konventualin

Die Klöster kannte ich schon aus meiner Kindheit. Meine Tante Helli Wätjen war Äbtissin im Kloster Mariensee. Eingeführt wurde ich als jüngste Konventualin im Kloster Lüne im April 2014.

Ich komme ursprünglich aus Salzgitter, studierte in Hamburg Geschichte und Deutsch für das Lehramt am Gymnasium. Später lebte ich 30 Jahre in Wales, wo ich als Lehrerin und Übersetzerin arbeitete. Als freie Übersetzerin arbeite ich auch jetzt noch. Vom ersten Augenblick an wusste ich, dass dieses Kloster der richtige Platz für mich ist. Meine Kinder sind in den Jahren 1983, 1985, 1994 und 1997 geboren. Meine drei Söhne leben immer noch in England und meine Tochter wohnt in Italien. Meine Mutter, Jahrgang 1913, lebt jetzt auch in Lüneburg.

Im Kloster Lüne bin ich unter anderem für die Konzerte verantwortlich. Das ist ein neues Aufgabengebiet und stellt uns alle auch immer vor die Frage: Wie viele Konzerte kann das Kloster mit dem Konvent vertragen? Auf der anderen Seite ist es wichtig, dass dieser besondere Ort für andere geöffnet wird und dass die Menschen etwas von dem Ort in sich aufnehmen können.

Renate Trautvetter, Konventualin

Schon zehn Jahre vor meiner Pensionierung habe ich mir Gedanken über den weiteren Verlauf meines Lebens gemacht. Durch Zufall entdeckte ich einen Zeitungsartikel über dieses Kloster. Acht Jahre später schrieb ich eine Bewerbung und stellte mich hier vor. Über den Zeitraum von zwei Jahren kam ich immer wieder zum Probewohnen. Im Jahr 2013 wurde ich im Kloster Lüne eingeführt. Vorher arbeitete ich als Finanzbeamtin in Hamburg. Meine Entscheidung, in das Kloster zu gehen, habe ich nie bedauert. Mein Sohn lebt in Hamburg und meine Tochter in München.

Neben den Führungen im Sommerhalbjahr betreue ich den Kräutergarten. Das ist meine Leidenschaft. Etwa 30 Jahre lang pflegte ich meinen eigenen kleinen Garten. Durch verschiedene Weiterbildungen, Seminare und verschiedenste Recherchen sowie Reisen habe ich mich inzwischen auf diesen Kräutergarten spezialisiert. Er wurde vor etwa 30 Jahren angelegt und enthält hauptsächlich Heilkräuter. Natürlich gibt es auch einige andere Pflanzen, die alle ihre Geschichte haben. Entscheidend ist für mich die abwechslungsreiche Optik. Salbei ist eine meiner Lieblingspflanzen. Aus der antiken medizinischen Schule von Salerno ist der Satz überliefert: „Warum sollte ein Mensch sterben, in dessen Garten Salbei wächst.“ Salbei verwende ich als Küchengewürz, aber auch als Medizin. Frischer Salbeitee wirkt zum Beispiel lindernd bei Halsschmerzen. Wenn ich abends im Kräutergarten arbeite und die Gebetsglocke läutet, dann ist das für mich wie eine Meditation.

Frischkäsecreme mit Kräutern

150 g Frischkäse (Rahmstufe)
2 EL Joghurt
2 EL Olivenöl
ein Bund frisches Basilikum
35 g Parmesankäse
2 TL Zitronensaft
etwas Zucker
Kräuter, z. B. 1 Zweig Minze, 2 Zweige Estragon und etwas Schnittlauch

Den Frischkäse mit Joghurt und Olivenöl glatt rühren. Basilikum mit Salz und Pfeffer mit dem Pürierstab pürieren. Den Parmesan fein reiben, zum Basilikummus geben und noch einmal aufmixen. Das Mus zum Frischkäse geben und mit Zitronensaft und etwas Zucker abschmecken. Ebenso die Kräuter pürieren und unter die Frischkäsecreme mischen, damit die Creme schön grün wird. Eventuell noch 2 TL Bärlauchpesto zufügen, damit die Creme einen pikanten Geschmack bekommt.
[Diese Creme hat uns im Konvent sehr gut zu einem herzhaften Baguettebrot geschmeckt.]

Ingeborg Kubasta, Konventualin

Zu den vielen Stationen meines Lebens gehören unter anderem Berlin, Uelzen, Hamburg, Südtirol und Augsburg. Die Heideklöster waren mir schon seit meiner Kindheit bekannt, da meine Mutter aus Hannover kam und mein Vater aus Uelzen stammte. Im Alter von 65 Jahren wollte ich etwas Neues beginnen, weiter aktiv sein. Eine Reportage im Fernsehen war schließlich der Auslöser für den Umzug in das Kloster Lüne im Jahr 1988. Außerdem interessierte mich schon immer die Kunstgeschichte, die hier ein großes Forum bietet. So wohne ich im Kloster Lüne bereits seit fast 30 Jahren. Im Augenblick bin ich vorwiegend in der Kartenstube anzutreffen, vertrete bei den Führungen und läute auch regelmäßig – meist die kleine Gebetsglocke – per Hand.

Forellencreme

500 g Frischkäse
250 g geräucherte Forelle
1 Becher Creme fraiche
75 g Dill
1 EL Zitronensaft
Sahne oder Milch nach Bedarf
Salz und Pfeffer
etwas Meerrettich nach Belieben

Geräucherte Forelle mit einer Gabel oder im Mixer mit dem Schneidwerk zerkleinern. Andere Zutaten dazugeben und zu einer Creme verrühren. Je nach Konsistenz des Frischkäses etwas Sahne oder Milch zugeben. Nach Belieben Meerrettich zufügen.

Käsepudding

80 g Butter oder Margarine
4 Eigelb
4 Eiweiß
150 g geriebener Käse (kräftig im Geschmack!)
125 ml saure Sahne (oder Milch, Joghurt, Schlagsahne)
1 große Prise Paprika
125 g Mehl
50 g Stärkemehl
2 gestr. TL Backpulver
Schnittlauch (optional)
Salz (nach Geschmack)

Zutaten mit dem Eigelb wie zu einem Rührteig mischen, dann das steif geschlagene Eiweiß unterheben. Entweder im Wasserbad in einer gefetteten und mit Paniermehl ausgestreuten Puddingform kochen (etwa 90 Minuten) oder im Ofen backen: 50 Minuten bei 180 Grad Umluft. Mit einem gemischten Salat servieren. Schmeckt auch gebraten gut!

Äbtissin Reinhild von der Goltz

Ständige Erinnerung

Das ewige Plätschern unseres gotischen Brunnens seit mittlerweile mehr als 650 Jahren erinnert an Jesus Christus als Quelle des Lebens – an ein Geben und Nehmen – an viele Generationen von Frauen an diesem besonderen Ort.

Kloster Lüne

Am Domänenhof
21337 Lüneburg
Telefon (0 41 31) 5 23 18
Fax (0 41 31) 5 60 52
www.kloster-luene.de
info@kloster-luene.de

Die Führungen durch das Kloster finden vom 1. April bis 15. Oktober, dienstags bis samstags 10.30 Uhr, 14.30 und 15.30 Uhr sowie an Sonn- und Feiertagen 11.30 Uhr, 14.30 und 15.30 Uhr statt. Montags und Karfreitag ist geschlossen. Das Museum ist dienstags bis samstags von 10.30 Uhr bis 12.30 Uhr und 14.30 Uhr bis 17 Uhr geöffnet. An Sonn- und Feiertagen 11.30 Uhr bis 13.00 Uhr und 14.30 bis 17.00 Uhr. Der Konvent lädt alle Besucher und Gäste ein, jeweils am 2. und 4. Freitag im Monat um 17.30 Uhr an der ökumenischen Vesper – dem gesungenen Abendgebet – teilzunehmen (ca. 25 Minuten). Gruppenführungen sind zwischen dem 16. Oktober und 31. März auf Anfrage möglich.
Das Café im Kloster ist im Sommerhalbjahr dienstags bis sonntags von 10 bis 18 Uhr geöffnet. Winterhalbjahr und Sonderveranstaltungen auf Anfrage, Telefon (04131) 249 892. Ein Besuch der Weberei ist dienstags bis freitags von 10 Uhr bis 17.30 Uhr möglich. Im Winterhalbjahr auf Anfrage, Telefon (04131) 409 648.

Kloster Mariensee

Andrew Kowal und Robin Beaumont, Gäste aus Newcastle upon Tyne

Unsere Bekanntschaft mit den norddeutschen Klöstern begann in Newcastle. Als der Marienseer Kreis dort auf Anregung von Professor Henrike Lähnemann, einer Studienfreundin der Äbtissin, Station machte, bewirteten wir die Gruppe in der reformierten Gemeinde, wo Robin Organist ist. Die Äbtissin merkte schnell, wie sehr ich mich für Antiquitäten und Möbelrestaurierung interes-

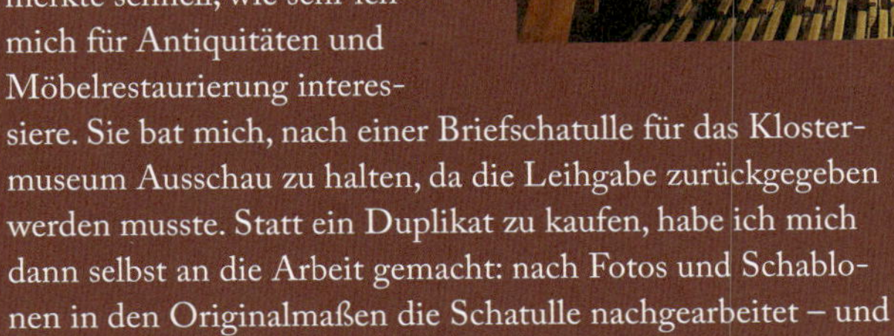

siere. Sie bat mich, nach einer Briefschatulle für das Klostermuseum Ausschau zu halten, da die Leihgabe zurückgegeben werden musste. Statt ein Duplikat zu kaufen, habe ich mich dann selbst an die Arbeit gemacht: nach Fotos und Schablonen in den Originalmaßen die Schatulle nachgearbeitet – und sogar passende Metallknäufe in Löwenkopfform gefunden.

So kamen wir im März 2015 mit kostbarem Gepäck zu einem ersten Besuch in das Kloster.

Nun erleben wir zum zweiten Mal eine Art Kloster auf Zeit – nicht zuletzt, weil Robin sich in die romantische Eduard-Meyer-Orgel verliebt hat. Er hat ein Konzert gegeben und Aufnahmen für eine CD gemacht. Mir gefällt neben den schönen Möbeln vor allem der Klostergarten. Oft sammle ich Kräuter für das Mittagessen und genieße den Frieden und die Stille. Zum Einkaufen bin ich gleich am ersten Tag mit dem Rad in den Nachbarort gefahren. Es ist für mich ein ganz besonderes Erlebnis, dass man hier weite Strecken durch die Felder fahren kann. Ich freue mich schon darauf, an Ostern wiederzukommen.

Rucolasalat

Rucola
Ziegenfrischkäse
frische Himbeeren

für die Vinaigrette (Anteile nach Wunschmenge):
gutes Olivenöl
¼ Anteil Himbeeren
Wasser
Zucker/Honig
etwas Balsamicoessig (Blanco)

Ruccola waschen, trocken schleudern und mundgerecht rupfen, auf einer Platte anrichten. Den Ziegenfrischkäse in kleinen Brocken drüber geben, dazwischen frische Himbeeren verteilen. Für die Vinaigrette Himbeeren pürieren, Olivenöl dazugeben und vermischen.
Zucker oder Honig in Wasser auflösen und darunter rühren, mit Essig sowie Pfeffer und ggf. Salz abschmecken. Unmittelbar vor dem Servieren über den Salat geben.

Angelika Vornkahl, Ehrenamtliche

Ich komme aus dem Calenberger Land, und mich interessierten schon lange unsere Calenberger Klöster. Als ich von einer Ausstellung in Mariensee über Elisabeth von Calenberg erfuhr, wollte ich sie mir unbedingt ansehen. Es war der Sommer 2008. Mein Mann Dieter erkrankte onkologisch. Ganz plötzlich und ohne Voranmeldung wurde mir die Endlichkeit des Lebens sehr bewusst. Ich erhielt einen anderen Blickwinkel, die Wertigkeiten veränderten sich. Das war die Zeit meines ersten Besuchs im Kloster Mariensee. Als ich das Kloster betrat, wurde ich von einem Gefühl ergriffen, das ich kaum beschreiben kann.

Während der schwierigen Phase der Krankheit benötigte ich Abstand. Bald kam ich immer häufiger, führte gute Gespräche mit den Konventualinnen und der Äbtissin, belegte einen Stickkurs und danach einen Kalligraphiekurs. Daraus entwickelte sich später die ehrenamtliche Tätigkeit. Für die Teilnehmer der Kalligraphie- und Stickkurse habe ich gekocht, und nun führe ich Besucher durch das Kloster.

Oft begleitete mich mein Mann, machte im Klosterforst lange Spaziergänge und konnte sich in dieser Umgebung gut entspannen. Inzwischen ist er hier ebenfalls ehrenamtlich im Museumsdienst tätig. Wir genießen die Zeit miteinander, fern von unserem Alltag.

Eine besondere Freude ist, dass auch unsere Enkelin das Kloster liebt. Ich sehe sie noch fröhlich durch den Kreuzgang laufen und höre sie leise vor sich hinsingen: „Gib uns Ohren, die hören und Augen, die sehen…" Ich habe ein besonderes Vertrauen in Gott. Das wird hier gefördert. Vor allem genieße ich die Ruhe, aber auch die Möglichkeit, die Liebe zur jahrhundertealten Tradition des Klosters weiterzugeben und deren Bedeutung den Menschen in der Gegenwart neu ins Bewusstsein zu rufen. Das Leben im Kloster ist historisch geprägt, aber auch sehr modern. Es gibt eine Welt drinnen und draußen.

Susanne Schwinn, Mitarbeiterin

Ich sehe mich eher als Quereinsteigerin. Ursprünglich habe ich Sozialpädagogik studiert. Nach und nach bin ich immer mehr im Bereich Veranstaltungen gelandet. Unter anderem war ich in einem Mutter-Kind-Kurheim tätig. Dort habe ich Aufenthalte organsiert und die Mütter begleitet. Außerdem habe ich ein Kulturzentrum mitgegründet und arbeitete dort rund zehn Jahre.

Die letzten vier Jahre war ich im Würzburger Raum in einem Haus für spirituelle Wege angestellt. Die Erkrankung meiner Mutter hat mir den Anstoß gegeben, in meine Heimat Neustadt zurückzukehren. Da ich an einem Ort arbeiten wollte, wo es um Spiritualität und tiefere Fragen des Lebens – Sinnfragen – geht, bin ich glücklicherweise zum Kloster gekommen. Die geistige Ausrichtung ist mir immer wichtig gewesen und es erfüllt mich, diese mitzugestalten. Natürlich hat es auch viel mit meinem eigenen Weg zu tun. Schon lange beschäftige ich mich mit der Meditation. Kontemplation hat einen wichtigen Stellenwert in meinem Leben bekommen. Ich bin für den Bereich Veranstaltungen wie Einkehrtage, Konzerte, Lesungen und Seminare sowie für die Organisation von Sonderveranstaltungen zuständig. Es bereitet mir viel Freude, diese mit dem Konvent, den Kollegen und den Ehrenamtlichen zusammen durchzuführen.

Das Kloster Mariensee ist einfach ein wunderschöner Ort, der viele Möglichkeiten bietet. Er ist sehr kraftvoll. Ich finde es wichtig, stille Orte zu finden, um dem Wesentlichen auf die Spur zu kommen.

„Klosterfeuer" – Himbeerdessert

250 g Himbeeren
200 g Baiser
400 ml Schlagsahne
1 EL Zucker
Zitronensaft
Zitronenmelisse zum Garnieren

Die Baisers auf einer Platte zerbröckeln. Himbeeren mit dem Pürierstab pürieren, mit Zitronensaft und Zucker abschmecken. Die Sahne halbsteif schlagen und die Baisermasse damit bedecken. Zum Schluss die Himbeersauce übergießen. Mit wenigen frischen Himbeeren und den Zitronenmelisseblättern garnieren. (für 4 Personen)

Karottencremesuppe

1 kg frische Karotten
1 EL gutes Olivenöl
¾ l Wasser
4 TL Instant-Gemüsebrühe
100 ml Schlagsahne
Salz / Pfeffer / Muskat

Karotten schälen und in Stücke schneiden, in wenig Salzwasser garkochen.
Abgießen und in eine Rührschüssel geben, mit dem Olivenöl vermischen.
Danach mit dem Pürierstab zerkleinern. Die Gemüsebrühe in kochendem Wasser auflösen und nach und nach die pürierten Karotten hinzugeben. Mit dem Schneebesen alles verrühren. Mit den Gewürzen gut abschmecken – dann die Sahne zugeben und unterrühren. Nach Geschmack mit Petersilie servieren. (für ca. 6 Personen)

Äbtissin Bärbel Görcke

Warum wir hier sind

Am schönsten ist es, wenn eigene Leidenschaften und das, was wir im Kloster vorfinden, aufeinander treffen. Ich habe schon als Kind gern geschrieben, gebetet und gesungen. Daher berührt mich ein Gebetbuch besonders, das eine meiner Vorgängerinnen auf kostbarem Pergament geschrieben hat. Es gehört zu dem wenigen, das aus den ersten Jahrhunderten erhalten geblieben ist und spiegelt auch die Veränderungen der Reformationszeit. Jeden Morgen bete ich daraus in dem „Gebet für das Kloster“: „Du hast uns hier zusammen gerufen, damit dein heiliger Name gepriesen werde.“ Unser Alltag ist so wie andernorts auch. Darum wollen wir nie vergessen, warum wir hier sind!

Kloster Mariensee

Höltystraße 1
31535 Neustadt am Rübenberge
Telefon (0 50 34) 87 99 90
Fax (0 50 34) 8 79 99 29
www.kloster-mariensee.de

Das Kloster ist ganzjährig geöffnet und über den Haupteingang durch den Kreuzgang begehbar. Führungen durch das Kloster finden von Ostermontag bis zum 2. Sonntag im Oktober immer sonnabends sowie an Sonn- und Feiertagen jeweils um 15 und 16.30 Uhr statt. Gruppen bitten wir um frühzeitige Anmeldung. Die Gärten sind nur im Rahmen der Klosterführungen und am Freitagnachmittag während der Führungszeit zugänglich. Für besondere Interessen und Altersgruppen haben die Klosterführerinnen zusätzliche Angebote vorbereitet. Das Klostermuseum ist ebenfalls während der Führungszeit dienstags bis freitags von 15 Uhr bis 17 Uhr, sowie sonnabends, sonntags und an Feiertagen von 15 Uhr bis 18 Uhr geöffnet. Die Öffnungszeiten des Klostercafés entnehmen Sie bitte unserer Homepage.

Kloster Marienwerder

Elisabeth Pröhl, Konventualin

Das Kloster kenne ich bereits seit 1990, damals habe ich hier in der Pflege gearbeitet. Nachdem mein Mann 1997 an einem Krebsleiden starb, wurde das Kloster für mich zu einem zweiten Zuhause. Die Verbundenheit mit den Bewohnerinnen hat mich dazu bewogen, im Jahr 2001 dem Konvent beizutreten. Wichtig ist mir, stets ein offenes Ohr für die Anliegen der Menschen in unserer Hausgemeinschaft zu haben. Ich hatte es mir zur Aufgabe gemacht, die Bewohnerinnen hier zu begleiten, mit ihnen durch Freud und Leid zu gehen. Miteinander viel zu lachen und auch manchmal miteinander zu weinen. Heute sorge ich immer noch gern für Blumenschmuck in der Kirche, im Esszimmer und an verschiedenen Stellen im Haus. In der Zeit meiner Berufstätigkeit hier im Kloster gehörte ich zwölf Jahre dem Kirchenvorstand an. Mein Glaube trägt, stärkt und hält mich. Ich bin in der katholischen Tradition aufgewachsen.

Am Kloster Marienwerder gefällt mir die Lage mitten in der Natur, die Umgebung mit dem schönen Hinüberschen Garten direkt an der Leine. Die vielen „ausgetretenen" Steine, die auf ihre Art von der Historie eines bedeutsamen Ortes zeugen. Es ist für mich einfach ein sehr erfülltes Leben hier. Jeder Tag bedeutet für mich ein intensives Stück Leben in einer besonderen Großfamilie. Meine drei Kinder sowie vier Enkel wohnen erfreulicherweise ganz in der Nähe. Ich freue mich auf all das Neue, das auf uns hier zukommt. Die Zeiten des Wandels sind nicht einfach, aber auch nötig. Etliche Jahre der Renovierung, Restaurierung, Neugestaltung – und das bei laufendem Betrieb. Wenn alles fertig ist, werden wir stolz auf unser Kloster, am Rande der Stadt Hannover, sein. Mit meinem 80. Geburtstag möchte ich 2017 gern meine aktive Zeit der Pflichten im Konvent beenden und in den „Feierabend" gehen.

Aus der Konvents-Wohnung ziehe ich dann aus und innerhalb des Klosters beziehe ich eine altengerechte Wohnung. Dann beginne ich meinen 3. Lebensabschnitt im Kloster Marienwerder. Ich freue ich mich sehr darauf.

Dinkelbrot mit Tomaten

500 g Dinkelvollkornmehl
500 g Weizenmehl
2 Trockenhefe oder 30 g frische Hefe
2 EL Zucker
2 TL Salz
Ca. 600 ml lauwarmes Wasser
1 kleines Glas getrocknete Tomaten

Den Teig kneten und gehen lassen. Tomaten klein schneiden und in den Teig hineinkneten. 4 Brote formen, mit lauwarmem Wasser bepinseln und nochmals gehen lassen, am besten im Backofen bei 50°. Den Backofen vorheizen auf 180°. Die Brote 20 – 30 Minuten backen. Sie sind gar, wenn es beim Klopfen auf den Boden hohl klingt.

Lachsfrikadellen

500 g Lachsfilet (küchenfertig)
100 g frisches Kastenweißbrot
1 Bund Dill
1 Bio-Zitrone
3 Eier (Größe M; zimmerwarm)
3 TL Tafelmeerrettich (Glas)
Salz, Pfeffer, Zucker
160 ml Sonnenblumenöl (zimmerwarm)
8 Stiele Estragon
1 TL mittelscharfer Senf
150 g Vollmilchjoghurt

Lachs sehr fein hacken. Brot entrinden und fein mixen. Dillspitzen von den Stielen zupfen, 2/3 davon fein hacken. Zitrone halbieren, von 1 Hälfte die Schale abreiben und 1 EL Saft auspressen, restliche Zitrone in Spalten schneiden. Lachs, Brösel, 2 Eier, gehackten Dill, Zitronenschale, Meerrettich, Salz und Pfeffer verkneten. Eine Probe-Frikadelle in ½ TL Öl braten. Masse eventuell nachwürzen, mit leicht geölten Händen zu 12 Frikadellen formen.
Für die Mayonnaise Estragonblättchen von den Stielen zupfen und grob hacken. Restliches Ei, Zitronensaft, Senf, etwas Salz, Pfeffer und 125 ml Öl in den Rührbecher geben. Pürierstab in den Becher stellen, auf höchster Stufe mixen, dabei den Stab ganz langsam nach oben ziehen, bis eine cremige Mayonnaise entstanden ist. Estragon und Joghurt zugeben und kurz untermixen. Mit Salz, Pfeffer und Zucker abschmecken.
Frikadellen in Öl bei mittlerer Hitze in 3-4 Minuten rundum knusprig braten. Mayonnaise und Frikadellen mit restlichem Dill und Zitronenspalten garnieren. Zusammen mit Kartoffeln – z.B. ungeschälten kleinen Frühkartoffeln- servieren.

Elisabeth Nitschke, Konventualin

Nach der schmerzlichen Trennung von meinem langjährigen Ehemann und einer Zeit der Hoffnungs- und Orientierungslosigkeit, hatte ich zu einer neuen Lebensstruktur gefunden. Dazu gehörte, dass ich Deutschland verließ und in Österreich neue Herausforderungen annahm.

Bei einem Familientreffen erfuhr ich durch eine Führung von der besonderen Lebensform in den evangelischen Klöstern in Niedersachsen. Sich mit seinen Fähigkeiten in einem Kloster einzubringen, das sprach mich sehr an.

40 Jahre war ich Physiotherapeutin: ein Beruf, den ich mit großer Freude ausgeübt habe. Interessante Wirkungsstätten waren für mich Krankenhaus, Kindereinrichtungen, eigene Praxis, Kurabteilung eines Hotels, Landespflegeheim und daneben auch Lehrtätigkeit an einer Bildungseinrichtung. Das Ende der Berufstätigkeit im Blick, war es mir sehr wichtig, den nächsten Lebensabschnitt gut zu planen. Im Rahmen meiner Möglichkeiten sollte dieser Abschnitt aktiv und sinnvoll gestaltet sein. Es war für mich ein toller Anstoß, als ich vom Leben im Konvent erfuhr.

Zum Kloster Marienwerder fühlte ich mich besonders hingezogen, weil ich glaube, hier mit meinen Erfahrungen, Ausbildungen, Fähigkeiten und meiner Mentalität nützlich sein zu können.

In der Hausgemeinschaft des Klosters bin ich ansprechbar für die Begleitung zu Ärzten und Therapien, Hilfe und Unterstützung bei persönlichen Angelegenheiten, Besorgungen, gemeinsamem spielen. In unserem Kloster leben Frauen mit sehr interessanten Biographien und Erfahrungen, was mich sehr bereichert.

Ein Gartendenkmal wird herausgeputzt

Im Kloster Marienwerder wird seit 2014 für mehrere Jahre renoviert und restauriert. Auch unsere Gärten und der sehr alte Klosterfriedhof bedürfen einer gründlichen Überholung. In diesem Frühjahr lag mir besonders daran, die Steine der Klostergräber zu reinigen. Dieses Vorhaben wurde eine sehr meditative Arbeit für mich. Ein alter Satz ging mir dabei durch den Sinn:“ Unter jedem Grabstein liegt ein Stück Weltgeschichte.“ In der Tradition derer, die vor uns geglaubt und gelebt haben, lässt es sich auch heute in unserem Kloster gut leben und auch sterben.

Äbtissin Rosemarie Meding

Süßes Apfelbrot

750 g Äpfel (z. B. Boskop)
50 g brauner Zucker
2 TL Zitronensaft
150 g Rosinen
150 g gemischte Nüsse
2 gestrichene TL Zimt
400 g Mehl
½ Päckchen Backpulver
Backpapier für die Form

Die Äpfel waschen, vierteln, entkernen und raspeln. Mit dem Zucker und Zitronensaft vermengen und etwas ruhen lassen. Den Backofen auf 175 Grad vorheizen.

Die Apfelmischung mit Rosinen, Nüssen und Zimt verrühren. Mehl und Backpulver mischen, darübersieben und gut verrühren. Eine Kastenform (26 bis 28 cm) mit Backpapier auslegen. Den Teig einfüllen und im vorgeheizten Backofen bei 175 Grad etwa 70 Minuten backen.

Schmeckt gut mit Butter, zum Frühstück oder zum Tee.

Im Kühlschrank hält das süße Brot sich tagelang frisch.

Kloster Marienwerder

Quantelholz 62
30419 Hannover
Telefon (05 11) 2 79 46 59-91
Fax (05 11) 2 79 46 59-99
www.marienwerder.de
www.klosterkammer.de
info@kloster-marienwerder.de

Die Klosterkirche ist sonntags von 14 Uhr bis 16 Uhr geöffnet. Führungen durch das Kloster sind nur nach telefonischer Vereinbarung möglich.

Stift Obernkirchen

Antje Begenat, Gefängnispsychologin

Das Stift Obernkirchen ist für uns ein ganz besonderer Ort. Unsere Tochter hat hier ihre ersten beiden Lebensjahre mit uns gemeinsam verbringen dürfen. Während mein Mann Thoralf Seewald bei der Bundeswehr als Arzt stationiert war, fand ich in der Endphase der Schwangerschaft im Stift ein neues Zuhause. Ermöglicht wurde dieses durch die jahrzehntelange Freundschaft mit der Äbtissin. Die Zeit des Wartens und Erwartens übertrug sich schnell auf die Stiftsdamen. Als unsere kleine Romy am 1. Juli 2012 zur Welt kam, bedeutete das neue Leben ein ganz besonders Geschenk, Symbol für die gesamte Hausgemeinschaft. Schnell schlossen die Frauen das Baby in ihr Herz, versorgten es, als wäre es ihr eigenes Enkelkind. Eines der ersten Wörter Romys lautete „Maria". Der Abschied von den Stiftsdamen nach zwei erfüllten Jahren fiel uns sehr schwer. Aber wir hatten inzwischen ein neues Zuhause, in der Nähe des Arbeitsplatzes, gefunden.

Im Stift waren wir in eine ganz besondere Form der Gemeinschaftlichkeit eingebunden: ein Zusammenleben, das durch Fürsorge, Partizipation und Anteilnahme geprägt ist. Die hier vorherrschende Kultur des Miteinanders schafft eine Atmosphäre der Geborgenheit und des Wohlgefühls, das durch den Schutz der alten dicken Mauern noch verstärkt wird. Das Stift mit seinen symbolträchtigen und zauberhaften Ecken und Winkeln und den starken und klugen Frauen, die es zu einem kulturellen und lebendigen Ort machen, wird uns für immer in Erinnerung bleiben!

Stiftskind Romy

Mein Lieblingsort im Stift Obernkirchen ist die Marienkapelle. Dieser kleine Raum zieht mich magisch an. Seitdem ich laufen kann, gehe ich „Maria besuchen!". Besonders mag ich, wenn Maria im Fenster bei Sonnenschein blau und rot leuchtet. Sie nimmt eine Blume entgegen. So ist es hier im Stift auch: die Frauen geben mir viel, und ich darf etwas zurückgeben. Wenn ich mich in den Sonnenschein stelle, strahle ich.

Klasse ist, dass ich auch mal mit dem Bobbycar durch den Kreuzgang brausen darf. Auf dem Weg zur Kapelle schaue ich mir den Engel auf der Grabplatte an und vor Weihnachten singe ich beim Adventsfenster. Später spiele ich mit den Schafen an der Weihnachtskrippe. Zum Abschied habe ich von der Äbtissin ein tolles T-Shirt bekommen. „Stiftskind Romy" steht darauf. Es erinnert mich an Menschen und einen Ort, die mir immer noch sehr vertraut sind.

Stachelbeer-Trifle

300 g Stachelbeeren
250 g Mascarpone
250 g geschlagene Sahne
250 g Amarettini
⅛ l Sherry (medium)

Die Stachelbeeren mit wenig Wasser und Zucker aufkochen. Mascarpone und Sahne leicht zuckern und verrühren. Stachelbeeren, Amarettini, Sherry und Mascarponecreme aufeinander schichten, einmal wiederholen.

Christa Ruschke, Kapitularin

Durch einen Lesekreis kannte ich bereits die Äbtissin Susanne Wöbbeking. Bei einem privaten Besuch schlug sie mir vor, nach meiner Pensionierung in das Stift zu ziehen. Ehrlich gesagt, irritierte mich im ersten Augenblick diese Vorstellung. Schließlich verbrachte ich 40 Jahre meines Lebens unter Berücksichtigung vieler Regeln. Ich wollte nicht wieder in ein Korsett gezwungen werden.

Über den Zeitraum von 1,5 Jahren wohnte ich im Stift zur Probe und spürte sehr bald, dass sich meine Vorurteile nicht bestätigt haben. Ich konnte mich kreativ entfalten und meine Ideen einbringen. Dieses Leben empfinde ich als Geschenk, das mir Freiheit gibt. Die Menschen werden im Stift so akzeptiert, wie sie sind. Es ist eine sehr gute Gemeinschaft. Im Jahr 2012 wurde ich in Obernkirchen eingeführt. Bis zum Sommer 2014 unterrichtete ich in Bückeburg als Lehrerin in der Oberstufe die Fächer Englisch und Französisch.

Im Stift Obernkirchen helfe ich selbstverständlich bei der Durchführung von Veranstaltungen mit. Darüber hinaus plane ich Angebote mit Kindern, das heißt, es gibt

Themenführungen wie zum Beispiel die „Monstersuche" für Acht- bis Zehnjährige oder eine Expedition ins Stift in Kooperation mit dem Jugendring. Ich habe auch schon Kurse wie Yoga oder Körperarbeit mit Kindern angeboten.

Mein neuestes Projekt ist ein Stiftsführer mit Kindern für Kinder. In Zusammenarbeit mit Schule, Stadt, Jugendring und Stift möchte ich Kinder an Werte heranführen.
Mir ist es wichtig, die Jugend einzubinden.

Schmorgurken

1,2 – 1,5 kg Schmor- oder Salatgurken
eine große Zwiebel
2 EL Öl
¼ l Brühe
100 ml saure Sahne
1 TL Senf
reichlich gehackter Dill
Salz und Pfeffer
Mehl oder Saucenbinder zum Andicken

Die Gurken schälen, längs halbieren und mit einem scharfen Teelöffel die Kerne vollständig herauskratzen. Die Gurkenhälften quer in ca. 1 cm breite Streifen schneiden (insgesamt soll es eine Menge von ca. 800 g Gurkenfleisch ergeben). Die Zwiebel abpellen, würfeln und in 2 EL Öl anschmoren, bis sie weich, aber noch nicht braun sind. Die Gurkenstücke und die Brühe hinzufügen, außerdem Senf, Salz und Pfeffer nach Geschmack. Ca. 12 Min. im geschlossenen Topf garen, dabei gelegentlich umrühren. Die Gurkenstücke sollten nicht zu weich werden.
Saure Sahne und den gehackten Dill hinzugeben, mit etwas in kaltem Wasser angerührtem Mehl oder Saucenbinder andicken (einrühren und kurz aufkochen lassen). Dazu passen gut Kartoffeln und Fisch.

Äbtissin Susanne Wöbbeking

Ein Ort für Frauen

Ich lebe sehr gerne im Stift, in dem schon seit Jahrhunderten Frauen ihr Leben unabhängig gestalten.

Mich beeindruckt dazu der Text von Christine de Pizan (1365 – ca. 1430) aus dem „Buch von der Stadt der Frauen", das erstmalig im Jahr 1405 erschienen ist:

„Es kann nicht den geringsten Zweifel geben: Die Natur hat die Frauen mit ebenso vielen körperlichen und geistigen Gaben ausgestattet, wie die weisesten und erfahrensten Männer."

Stift Obernkirchen

Bergamtstraße 12
31683 Obernkirchen
Telefon (0 57 24) 84 50
Fax (0 57 24) 39 71 86
www.stift-obernkirchen.de
und www.treff-im-stift-obernkirchen.de.

Führungen finden vom 1. April bis zum 31. Oktober immer mittwochs und samstags um 15.30 Uhr sowie nach Vereinbarung statt. Kinderführungen nach Vereinbarung.

Kloster Walsrode

Elisabeth Krause, Konventualin

Auf der Suche nach einer Lebensform nach dem Eintritt in das Rentenalter habe ich mir während eines Urlaubs mit einer Freundin alle Heideklöster angesehen. Schon beim ersten Gang durch das Kloster Walsrode spürte ich: Das ist es. Es ist eine reine Gefühlsgeschichte, die ich mit dem Verstand nicht erklären kann. So bin ich im Jahr 2012 von Düsseldorf nach Walsrode umgezogen. Natürlich gibt es auch sachliche Gründe. Die Lage des Klosters, mitten in der Stadt, ist gut. Wenn ich später einmal nicht mehr mit dem Auto fahren kann, ist alles fußläufig zu erreichen.
Früher habe ich 20 Jahre lang in einer Behindertenwerkstatt eine Gruppe geleitet. Zu den Aufgaben gehörte die Bearbeitung der Aufträge, Verpackung und Kleinmontage.

Im Kloster habe ich Führungen sowie die Organisation aller Führungen übernommen. Wir führen dreimal täglich an sieben Tagen in der Woche in sieben Monaten. Dazu kommen die Sonderführungen mit angemeldeten Gruppen. Jede Konventualin führt durchschnittlich dreimal wöchentlich durch das Kloster. Da jede Frau ihren eigenen Stil und eigene Schwerpunkte hat, sind die Führungen immer etwas unterschiedlich. Die Länge aber umfasst eine Stunde. Ich persönlich habe damals von der Archivarin Unterlagen erhalten, so dass ich mir ein eigenes Konzept erstellt habe. Gern führe ich dialogisch, in dem die Gäste Fragen stellen, die ich beantworte. Einer meiner Lieblingsplätze ist die Kapelle mit ihren bunten Fenstern und den vielen Details. Sie ist einfach wunderschön.

Johannes Fricke, Nachbarjunge

Das Kloster ist sozusagen mein Nachbar. Wir wohnen nebenan. Deshalb bin ich manchmal hier. Wenn wir Gäste haben, dann gehen wir mit denen gern zum Kloster. Auf diese Weise habe ich schon viele Führungen erlebt. Manchmal kommen auch meine drei älteren Geschwister mit.

Mir machen die Besuche Spaß, weil jede Klosterdame anders führt. Es ist immer wieder etwas Neues dabei. Sie erzählen die Geschichten auch unterschiedlich. Der alte Friedhof in der Mitte des Klosters gefällt mir besonders gut. Es ist schwierig zu sagen, warum. Vermutlich sind es die Blumen und die alten Grabsteine, die an den Wänden lehnen. Es ist einfach eine schöne Atmosphäre.

Vor ein paar Jahren ist meine Familie aus Bispingen nach Walsrode gezogen. Ich musste mich erst daran gewöhnen, aber jetzt ist es schön hier. Zu meinen Hobbys gehört Fußballspielen, Geräteturnen und Chorsingen.

Quittengelee mit Ingwer

¾ l Quittensaft
geriebener Ingwer nach Geschmack
1 kg Gelierzucker 1:1

Den Quittensaft mit dem Ingwer und Gelierzucker mischen und 4 Minuten sprudelnd kochen lassen. Die Flüssigkeit sofort in vorbereitete Gläser füllen und verschließen.

Sonntagsbrötchen

1 kg Mehl
1 Päckchen Hefe
1 TL Salz
1 EL Zucker
¼ l Milch
Eigelb

Mehl in eine Schüssel sieben und das Salz darunter mischen. Die Hefe mit dem Zucker verrühren und warten, bis sie flüssig wird. Alles mit der warmen Milch zu einem geschmeidigen Hefeteig verarbeiten und gehen lassen. Hat sich das Teigvolumen verdoppelt, werden daraus Brötchen geformt. Die Brötchen auf dem Blech noch einmal gehen lassen. Vor dem Backen werden die Brötchen mit Eigelb, das mit Milch verrührt wurde, bestrichen.
Die Brötchen bei 160 Grad etwa 20 Minuten backen.

Äbtissin Dr. Sigrid Vierck

Brot und Fische

Alle zwei Jahre herrscht im Kloster Walsrode einen Vormittag lang Ausnahmezustand: Es findet die Heringsspende statt. An die 250 Schülerinnen und Schüler werden von den Klosterdamen durch das Haus geführt und lernen das Kloster dabei kennen. Im Langen Gang sitze ich an einem Tisch und „arbeite". Wenn die Kinder an diesem Tisch vorbeikommen, begrüße ich sie und teile die süßen Teigheringe aus.

Die Heringsspende geht zurück auf eine Stiftung der Pelleke von Hodenberg aus dem Jahre 1522. Aus einem Vermögen von 100 Goldgulden sollten jährlich „für acht Schillinge Weißbrot und Graulaken an Schüler und arme Leute" sowie für den gleichen Betrag Weißbrot an die „Jungfrauen des Klosters" verteilt werden. Zum 1000jährigen Jubiläum des Klosters belebte Äbtissin Lichte-Pfannkuche die Heringsspende in zeitgemäßer Form wieder.

Kloster Walsrode

Kirchplatz 2
29664 Walsrode
Telefon (0 51 61) 4 85 83 80
Fax (05 16) 4 85 83 89
www.klosterwalsrode.de
info@kloster-walsrode.de

Das Klostergelände ist täglich bis 18 Uhr (im Winter bis zum Einbruch der Dunkelheit) für Besucher zugänglich. Führungen finden täglich statt, vom 1. April bis 30. September um 15 Uhr, 16 Uhr und 17 Uhr, vom 1. Oktober bis zum 31. Oktober um 15 Uhr und 16 Uhr. Zusätzlich werden spezielle Kinder- und Themenführungen angeboten. Gruppen werden gebeten, sich telefonisch, per Fax oder per E-Mail anzumelden. Führungen zu anderen Terminen und außerhalb der Saison ebenfalls nach Anmeldung. Keine Führungen an Karfreitag, am 24. Juni und an Veranstaltungstagen.

Kloster Wennigsen

Margaret Lincoln, Geistliche Frauengemeinschaft

Der Ruf des Klosters als Meditationszentrum hat mich schon lange angezogen. Mein Mann Peter und ich waren 15 Jahre in Hannover in der Erwachsenenbildung als Pädagogen tätig. Während dieser Zeit waren wir auch häufig in Wennigsen: im Deister mit meinem Hund spazieren oder auch im Kloster beim offenen Meditationstreffpunkt am Montag. Das hat uns alles sehr gut gefallen, so dass wir uns hier ein Haus gesucht haben.

Als ich letztes Jahr in den Ruhestand ging, war mir schon klar, dass ich mich im Kloster engagieren wollte. Ich leite regelmäßig im Team die offene Meditationsgruppe am Montag. Ende 2015 wurde ich auch gefragt, ob ich in die Frauengemeinschaft eintreten möchte. Neben der Meditationsleitung gehören ein Seminarangebot und die Gästebetreuung zu meinen Aufgaben.

Ich bin Engländerin; lebe und arbeite seit 1977 in Deutschland. Ich bin katholisch erzogen worden. Über meinen Mann lernte ich die Freikirchen kennen. Im Herzen suchte ich schon seit längerer Zeit eine überkonfessionelle Spiritualität. Mich inspiriert der Leitsatz des Klosters „Via Cordis – der Weg des Herzens".

Meinen Mann kenne ich inzwischen fast 50 Jahre. Wir haben vier erwachsene Kinder und sieben Enkelkinder. Wir haben beruflich viel zusammengearbeitet und werden im Kloster Wennigsen auch gemeinsame Seminare geben. Ein Thema wird sich an meinem Buch „In mir wohnen – Mit dem Körper glauben lernen" orientieren. Mit seinem geordneten, aber naturnahen Garten, seinem alten Mauerwerk und schönen Räumen schenkt mir das Kloster sowohl Geborgenheit als auch Kraft. Ich finde an diesem Ort, der in den Turbulenzen der Geschichte schon so vielen Frauen Schutz bot, spirituelle Gemeinschaft und fühle mich mit den Frauen unserer heutigen Gemeinschaft wie auch den Gästen des Klosters sehr verbunden.

Paprika-Quiche

250g Vollkornmürbeteig
2 EL Öl
2 kleine gehackte Zwiebeln
1 rote und 1 grüne Paprika, kleingeschnitten
2 Eier
1 Tasse Milch
1 Tasse Brotkrümel
1 Tasse geriebener Käse
Meeressalz
Schwarzer Pfeffer, frisch gemahlen

Den Mürbeteig ausrollen und eine gefettete 26er Springform damit auskleiden. Den Boden mit einer Gabel mehrfach einstechen. Jetzt die Paprikaschoten entkernen und fein würfeln. Zwiebeln ebenfalls schälen und fein würfeln. Das Gemüse in einer Pfanne bei geschlossenem Deckel im Öl so lange anschwitzen, bis es glasig ist. Milch und Eier mit einem Schneebesen schlagen. Paprika, Zwiebeln und Brotkrümel miteinander vermischen und mit Salz und Pfeffer abschmecken. Die Masse gleichmäßig auf dem Teig verstreichen.
Die Quiche bei 190 Grad ca. 40 Minuten backen. Vor dem Servieren etwas abkühlen lassen. (für vier Personen)

Apfelkuchen

375 g Mehl
25 g frische Hefe
⅛ l Milch
1 Ei
75 g Zucker
75 g Butter
1 Prise Salz
1,5 kg säuerliche Äpfel
Walnüsse gehackt

Für die Streusel:
175 g Butter
300 g Mehl
150 g Zucker
1 Prise Salz
1 Prise Zimt

Zunächst die zerbröckelte Hefe mit etwas Zucker, Mehl und lauwarmer Milch ansetzen. In der Zwischenzeit den Teig vorbereiten. Dazu Zucker, Butter und das Ei sahnig rühren. Dann etwas Mehl und Milch hinzugeben. Anschließend die Hefe und das restliche Mehl sowie die restliche Milch dazugeben und verkneten. Den fertigen Teig auf einem gefetteten Blech ausrollen. Dann die in Stücke geschnittenen Äpfel darauf verteilen. Den Kuchen noch 15 Minuten ruhen lassen.
In der Zwischenzeit Butter, Mehl, Salz und Zimt mit den Fingerspitzen zu Streuseln verarbeiten. Ein wenig Mehl überstäuben, in der Schüssel nochmals durchschütteln, dann auf den Äpfeln verteilen. Anschließend die Walnüsse auf den Kuchen geben.
Bei 200 Grad ca. 20 Minuten im vorgeheizten Ofen backen.

Dietmar Seyfert, Hausmeister

Da ich in Wennigsen aufgewachsen bin, kenne ich das Kloster bereits seit meiner Jugend. In der Klosterkirche bin ich konfirmiert worden. Das liegt jetzt ein paar Jahrzehnte zurück. Inzwischen bin ich der Hausmeister des Klosters und sehe vieles aus einer ganz anderen Perspektive.

Nach dem Abitur habe ich erst eine Ausbildung zum Landmaschinenmechaniker gemacht. Als Alternative zur Bundeswehr bin ich dann nach Afrika gegangen und habe rund sieben Jahre als Entwicklungshelfer in Togo und Kamerun gearbeitet. Zurück in Deutschland folgten verschiedene berufliche Tätigkeiten als Mechaniker, Gärtner und im Brandschutz. Auf der Suche nach einer anderen Tätigkeit erfuhr ich über das Arbeitsamt 2006 von dieser Stelle.

Mein Aufgabenbereich umfasst ein sehr breites Feld. Man kann sich morgens einen bestimmten Plan vornehmen und der Tag entwickelt sich ganz anders. Die Aufgaben variieren vom Vorbereiten der Räume für die Meditationskurse, über Reparaturarbeiten, die Gartenpflege auf mehreren $1000m^2$ bis zum Koordinieren der Handwerker. Mittlerweile empfinde ich nichts mehr als ungewöhnlich. Ich kann helfen, eine Katze festzuhalten, wenn sie Augentropfen bekommt oder Turmführungen am Tag des offenen Denkmals für Besucher übernehmen. Ich habe auch bei den Bauarbeiten am Turm mitgewirkt und zusammen mit dem Zimmermann die Glockengaube gebaut. Das ist für mich eine bleibende, sichtbare Erinnerung.

Die Abwechslung und die Vielfalt meiner Tätigkeiten bereiten mir viel Freude. Die Äbtissin lässt mir freie Hand, so lange die anfallenden Aufgaben erledigt werden. Ich arbeite auch sonnabends, wenn zum Beispiel das Laub geharkt und abgefahren werden muss. Wenn das Wetter schön ist und die Sonne scheint, arbeite ich meistens draußen. In meiner Freizeit engagiere ich mich in einer Marionettengruppe. Wir spielen Märchen in Kindergärten und Grundschulen. Außerdem bin ich Mitglied im ADFC und unternehme und plane Radtouren und Öffentlichkeitsarbeit mit. Räder reparieren macht mir auch Spaß. So bot es sich an, dass ich für das Kloster Fahrräder ersteigert und dann repariert habe. Jetzt können sich die Gäste diese kostenlos ausleihen.

Wer sich selbst gut organisieren kann, ist hier bestens aufgehoben.

Äbtissin Gabriele Siemers

Vom Kern der Dinge

Wenn ich einmal Abstand brauche und wieder zum Kern der Dinge vordringen möchte, ist mein liebster Platz die Sitzecke beim Kloster. Ich verbinde sie mit einem wunderbaren Wort:
„Und manchmal
setzen wir uns
an den Rand der Zeit
und gönnen uns die kleine Pause
für den großen Dank.“
Vreni Merz

Kloster Wennigsen

Haus für Stille und Begegnung
Klosteramthof 3
30974 Wennigsen
Telefon (0 51 03) 453
Fax (0 51 03) 496
www.kloster-wennigsen.de

Offene Meditationsabende: montags 19.30 Uhr.
Kloster auf Zeit und Meditationskurse: s. Homepage.

Führungen finden einmal im Monat, immer an einem Sonnabend um 13 Uhr statt. Der Treffpunkt ist am Turm. Auf Anfrage sind bei Klosterführerin Constanze Kanz, Telefon (0 51 09) 6 33 50 und (01 76) 61 20 17 38 Sonderführungen möglich.

Kloster Wienhausen

Dr. Diederik Noordveld, Pastor in Wienhausen

Das Kloster Wienhausen habe ich zum ersten Mal im Winter gesehen. Mitten in einer beschneiten Landschaft tauchte der imposante Treppengiebel des Nonnenchores auf. Das große Gebäudeensemble strahlte eine große Ruhe aus. Auf den ersten Blick kann das Kloster als nach innen orientiert und in-sich-ruhend wirken. Dieser Eindruck verflüchtigt sich, wenn man in das Gebäude hineingeht und das Leben der Konventualinnen kennenlernt. Führungen und kulturelle Veranstaltungen öffnen das Kloster nach außen hin. Dabei beeindruckt mich die achtsame Haltung der Konventualinnen, die ich als Frömmigkeit verstehe, so wie Luther sie noch verstand – eine sanfte, ehrliche und hilfsbereite Lebenseinstellung. Die Bewohnerinnen des Klosters nehmen aktiv am Gemeindeleben teil. Sie sind nicht nur treue Gottesdienstbesucherinnen, sondern übernehmen auch gerne Lesungen oder beteiligen sich im Besuchsdienstkreis.

Eine besondere Bedeutung hat der auferstandene Christus im Kloster für mich. Die Skulptur ist etwa ein Meter hoch und befindet sich in einer kleinen Kapelle. Seit über 700 Jahren lächelt dieser auferstandene Christus den Menschen zu. Genauer gesagt ist es der auferstehende Christus. Denn ganz auferstanden ist er noch nicht. Sein rechter Fuß ist erst gerade aus dem Sarkophag gestiegen, sein linker Fuß ist noch gar nicht zu sehen. Ich denke, das ist ein treffendes Bild für das Leben: nicht liegen bleiben, sondern immer wieder aufstehen.

Ursprünglich komme ich aus Groningen in den Niederlanden. Sieben Jahre leitete ich das Ökumenische Institut an der theologischen Fakultät der Universität Heidelberg. Dort habe ich auch mein Herz verloren, denn ich lernte während der Zeit meine Frau kennen. Seit 2014 bin ich Pastor in Wienhausen. Hier lebe ich mit meiner Familie, zu der inzwischen zwei Töchter gehören. Meine ältere Tochter begleitet mich manchmal in das Kloster. Sie fühlt sich dort sehr wohl. Das Labyrinth im Innenhof gefällt ihr besonders gut. Ich hoffe, dass etwas von der religiösen Ausstrahlungskraft des Klosters in ihrem Gedächtnis bleibt. Zum Ausgleich meiner Tätigkeit am Schreibtisch gehe ich morgens gerne im Klosterpark joggen. Das ist für mich fast wie Beten mit den Füßen.

Barbara Hinterthür, Sekretärin

Jeden Tag gehe ich gern zu Arbeit. Angefangen habe ich mit meiner Tätigkeit als Verwaltungsangestellte im Kloster Wienhausen im Jahr 2004. Ich hatte meinen alten Job gekündigt und wünschte mir mehr Abwechslung und Kontakt mit Menschen. Beides habe ich im Kloster gefunden. Mein Aufgabengebiet ist umfangreich und vielfältig, unter anderem gehören die Koordination der Termine für die Äbtissin, die Finanzen und die Gruppenanmeldungen dazu. Jährlich kommen zwischen 25.000 und 30.000 Besucher nach Wienhausen. Immer wieder stecken mich die Menschen mit ihrer Begeisterung für den Ort an. Hier zu arbeiten, das ist für mich wie ein Sechser im Lotto.
Im Sommer besuche ich in meiner Pause manchmal eine Entenmutter, die im Innenhof brütet. Wenn die Küken geschlüpft sind, stehen wir im Kreuzgang Spalier und geleiten den Zug bis zur Eingangspforte, damit die Entenfamilie ihren Weg zum Wasser finden kann. An welchem Arbeitsplatz gibt es so etwas? Auch mein Mann und unser erwachsener Sohn kommen immer wieder gerne mit ins Kloster. Es ist für mich nicht nur ein Job, sondern ich fühle mich als Teil der großen Klosterfamilie. In meiner Freizeit lese ich am liebsten, gehe wandern oder nehme am Gymnastikangebot des Sportvereins teil.

„Kleine Sünde" – Schokoladenkuchen

120 g Zartbitterschokolade
⅛l heißer, starker Kaffee
170 g Butter
200 g Zucker
Mark einer Vanilleschote
3 Eier
160 g Mehl
1 ½ TL Backpulver
60 g dunkler Kakao
½ TL Salz
eine Prise Zimt
200 g Crème fraîche
200 g dunkle Kuvertüre

Die Zartbitterschokolade in dem heißen Kaffee auflösen. Butter mit dem Zucker, Vanillemark sowie den Eiern schaumig schlagen. Mehl, Backpulver und den Kakao durchsieben. Mit dem Salz und dem Zimt vermengen. Crème fraîche unter die Kaffeemischung rühren.
Abwechselnd die Mehlmischung und die Crème fraîche – Mischung zur Butter-Zucker-Ei-Mischung geben und mit einem Löffel unterheben. Gut vermengen.
In einer Kastenform bei 180 Grad ca. 1 Stunde backen.
Mit dunkler Kuvertüre überziehen.

„Schnelle Kleinigkeit" – Lachsrolle mit Spinat

2 Eier
250 g Spinat (tiefgefroren)
Pfeffer und Salz
250 g geriebener Käse
200 g Kräuterfrischkäse
200 g Räucherlachs

Eier, Spinat, Pfeffer und Salz vermengen und auf ein mit Backpapier ausgelegtes Backblech streichen. Mit dem Käse bestreuen und 20 min bei 180 Grad Ober- und Unterhitze backen. Auskühlen lassen. Den Kräuterfrischkäse auf der festgewordenen Masse verteilen, mit Räucherlachs belegen und aufrollen. In Alufolie verpackt im Kühlschrank mindestens 8 Stunden ruhen lassen. In Scheiben schneiden und kalt oder warm servieren.
(für 4 Personen)

„Erfrischende Köstlichkeit" Orangen-Karotten-Marmelade

500 g Karotten
500 g Orangen
500 g Gelierzucker 2:1

Karotten fein raspeln und mit etwas Wasser aufkochen. Die Orangen zerkleinern – eventuell pürieren- und zusammen mit den Karotten und dem Gelierzucker kochen. Heiß in Gläser füllen. Diese verschließen und umdrehen.

Wolfgang Brandis, Klosterarchivar

Angestellt bin ich seit 1991 im Kloster Wienhausen. Zu meinem Zuständigkeitsbereich gehören aber alle sechs Lüneburger Klöster und inzwischen auch die fünf Calenberger Klöster. Ich habe Geschichte und Biologie für das höhere Lehramt studiert und kam erst nach dem Referendariat zur Archivarbeit. Meine Frau und ich leben in Hildesheim. Wir haben drei erwachsene Kinder. Einmal wöchentlich habe ich auch einen Arbeitstag in der Klosterkammer in Hannover.

Das Kloster Wienhausen empfinde ich als eine Art „Gesamtkunstwerk". Es stimmt alles, Gebäude, Umgebung, Ausstattung, aber vor allem auch die Menschen. Selbst wenn ich mal erschöpft oder angestrengt hier ankomme, scheint beim Betreten des Klosters der Stress von mir abzufallen. Trotz des großen Arbeitsbereichs und des umfangreichen Aufgabengebiets übt dieser Ort auf mich einen sehr positiven Einfluss aus. Ich habe das Privileg, an Orte zu gehen, an die Gäste in der Regel nicht kommen. Hier hat noch keine Entzauberung stattgefunden.

Die älteste Urkunde, die ich in einer Kiste im Archiv entdeckte, stammt aus dem Jahr 1215. Das wichtigste Archivstück dürfte eine Urkunde von 1530 sein, die Herzog Ernst von Braunschweig und Lüneburg ausstellte. Es ist die staatliche Absichtserklärung, das Kloster Wienhausen für immer zu versorgen.

Es gibt sogar ganz besondere Momente: Vor ein paar Jahren wollte ich zur Überprüfung eines Details auf den Nonnenchor. Erst abends erinnerte ich mich an mein Vorhaben. So eilte ich nach Dienstschluss nach oben. Als ich die Tür zum Nonnenchor öffnete, war ich überwältigt von der wunderbaren Abendsonne, die durch das Westfenster fiel und fast den gesamten Altar in ein unbeschreiblich intensives Licht tauchte. Ich war sprachlos. Ein kleiner Schatten am unteren Bildrand, der das baldige Ende dieses „kleinen Wunders" ankündigte, hinderte mich daran, sofort die Kamera zu holen. Ich genoss einfach nur ein paar Minuten den zauberhaften Anblick und diesen Moment, der mir geschenkt worden war. Ich bin sehr dankbar dafür.

Äbtissin Renate v. Randow

Wie viele vor mir

Was mich immer besonders anrührt, sind die kleinen Vertiefungen vor dem Gestühl im Boden des Nonnenchores. Das ist das Leben, eine Verdeutlichung von Zeit und zeugt davon, dass an diesem Ort schon seit fast 800 Jahren Frauen leben. Oft frage ich mich: wie viele Frauen haben hier schon gestanden und gebetet.

Der Nonnenchor ist ein Raum, in dem ich mich geborgen und wohlfühle. Er ist das Herzstück des Klosters.

Kloster Wienhausen

An der Kirche 1
29342 Wienhausen
Telefon Verwaltung (0 51 49) 18 66-0
Telefon Klosterarchiv (0 51 49) 18 66-13
Fax (05149)18 66-39
kloster.wienhausen@arcor.de
www.kloster-wienhausen.de

Klosterführungen finden stündlich vom 1. April bis 15. Oktober, sonntags und an kirchlichen Feiertagen von 12 bis 16 Uhr statt. Werktags (außer montags) und an nichtkirchlichen Feiertagen sind die Führungen 11 Uhr sowie 14 bis 16 Uhr stündlich. Die Gesungene Vesper im Nonnenchor beginnt freitags, 17.30 Uhr während der Führungszeit. Audioführungen durch die Teppichausstellung zwischen Juli und Oktober werden in Deutsch, Englisch, Französisch und Spanisch angeboten. Das Kloster ist montags, Karfreitag und an den Einkehrtagen des Konvents geschlossen. Weitere Informationen zu den Veranstaltungen, dem vielfältigen Konzertprogramm, den Teppichwochen, Vorträgen und der Stickwerkstatt sind auf der Homepage erhältlich.

Kloster Wülfinghausen

Gerhard Dierks, Pastor und Leiter des Hauses der Stille

Bevor ich mein Amt im Dezember 2014 im Kloster Wülfinghausen antrat, habe ich zehn Jahre lang als Gefängnisseelsorger in der JVA Sehnde gearbeitet. Das waren für mich sehr prägende Jahre.
Ich war überrascht, wie viel Vertrauen mir in der Jugendvollzugsanstalt geschenkt wurde. Nicht nur von Seiten der Inhaftierten, sondern auch durch die Bediensteten. Jemand aus der Anstaltsleitung hat mir einmal gesagt: „Ich halte die Seelsorge für das Gewissen der Anstalt". Deshalb habe ich versucht, auf der Basis gegenseitigen Vertrauens gewissen-haft Seelsorger zu sein. Das Kloster kannte ich vorher nur aus Teilnehmersicht. Ich habe hier zwischen 2010 und 2012 eine Weiterbildung zum geistlichen Begleiter absolviert. Seitdem ich auf der „Anbieterseite" arbeite, staune ich über die Komplexität der Aufgaben und Abläufe, die notwendig sind, um den Klosterbetrieb aufrecht zu erhalten. Offenheit und Vertrauen sind für mich darum auch hier im Kloster das Fundament, auf dem alles andere aufbaut. Deshalb liegt mir eine gute Kommunikation mit der Communität und den Mitarbeitenden im Kloster ganz besonders am Herzen. Dazu gehört das persönliche Gespräch mit denen, die hier leben und arbeiten; ich nutze aber auch das gut entwickelte Konferenzsystem sehr gerne. Hier können wir gemeinsam zu Klärungen und Entscheidungen kommen. Als Leiter des Hauses der Stille ist meine Hauptaufgabe, ein Jahresprogramm zu entwickeln und an dessen Durchführung mitzuwirken. Dazu gehören zum Beispiel Exerzitienwochen, der Grundkurs Spiritualität oder Angebote für Studierende. Besonders liegt mir die Begleitung von Frauen und Männern aus meiner Berufsgruppe am Herzen. Ich selber bin seit gut 35 Jahren Pastor und weiß, wie wichtig es ist, sich ein eigenes geistliches Leben zu bewahren. Mein Herzensanliegen ist die Zukunftsfähigkeit des Klosters. Dessen Herzstück ist die Communität. Dass die Communität weiter wächst und gedeiht, ist mir darum besonders wichtig. Ich will deshalb mit dazu beitragen, den Wachstumsprozess der Communität zu fördern. Zum anderen möchte ich an einem Jahresprogramm arbeiten, das freigebende Weite und spirituelle Tiefe miteinander verbindet. Wenn Kurse stattfinden, übernachte ich im Kloster. Ich versuche, auch an der Eucharistiefeier der Communität am Donnerstagabend teilzunehmen. Selbst ein wenig in deren Rhythmus mit zu leben, ist mir wichtig geworden. Hier im Kloster zu sein, fällt mir überhaupt nicht schwer. Ich empfinde es als einen durch und durch gesunden Ort. Die Küche ist klasse, die Klostergärten eine Augenweide und die Innenräume des Klosters voller geistlicher Energiefelder.

Apfel-Zwiebel-Aufstrich

80 g Butter
100 g säuerliche Äpfel
150 g Zwiebeln
40 g Sonnenblumenkerne
¼ TL Kräutersalz
1-2 Knoblauchzehen
Einige Tropfen Zitronensaft

Butter erhitzen, Äpfel und Zwiebel würfeln, mit den Sonnenblumenkernen, dem Zitronensaft und Knoblauch zur Butter geben, 5 – 10 Minuten dünsten, dann pürieren. Mit Gewürzen abschmecken. Gekühlt ist der Aufstrich ca. 8 Tage haltbar.

Schnelles Dinkelbrot

650 Gramm Dinkelmehl oder Dinkelschrot
500 ml lauwarmes Wasser
1 Würfel frische Hefe
2 TL Salz

Alle Zutaten zirka drei Minuten mit dem Rührgerät (Knethaken) verrühren und in eine gefettete Kastenform füllen. Bei 200 Grad ca. 1 Stunde backen. Man kann das Rezept gut verändern, indem ein Teil des Mehls durch gemahlene Hirse ersetzt wird und in den Teig Sonnenblumenkerne, Kürbiskerne, Leinsamen oder auch Nüsse eingearbeitet werden.

Möhrensuppe mit Ingwer

750 g Möhren
1 große Zwiebel
1,5 EL Weizenmehl
½ l Gemüsebrühe
2 EL Butter
¼ l Sahne
Ingwer und Salz

Möhren und Zwiebeln raspeln oder klein schneiden, in der Brühe garen (etwas vorher abnehmen) und pürieren. Weizenmehl mit dem Rest der Brühe einige Minuten kochen lassen und zu dem Möhrenpüree geben. Mit Butter, Sahne, Ingwer und Salz abschmecken.

Ute Meyer, Hauswirtschaftsmeisterin

Seit 2003 arbeite ich mit einer vollen Stelle im Kloster Wülfinghausen. Gelernt habe ich zunächst in Malente. Die Meisterschule habe ich in Augsburg besucht. Im Kloster leite ich den Küchenbetrieb und die Hauswirtschaft. Die Zubereitung von Mahlzeiten gehört ebenso zu meinen Aufgaben wie das Binden der Blumensträuße. Außerdem bin ich für Einkaufs -und Personalplanung zuständig.

Abhängig vom jeweiligen Kursangebot plane ich für sechs und bis zu 30 Personen täglich. Zur Vollpension gehört das Frühstück, Mittagessen, Kaffee mit Kuchen und Abendessen. Größte Herausforderungen sind für mich die unterschiedlichen Anforderungen und die Vielschichtigkeit. Je nach Wunsch der Gruppen wird anders gekocht. Dabei muss ich das mir zur Verfügung stehende Budget berücksichtigen. Zu den Gästen gehören beispielsweise Repräsentanten der Landeskirche oder der Evangelischen Kirche in Deutschland, aber auch Studierende und Gäste, die an Exerzitien teilnehmen.

Wir bieten Hausmanns- und Vollwertkost, aber auch vegane sowie vegetarische Gerichte an. Besonders anspruchsvoll sind für mich persönlich Wildgerichte. Die habe ich erst hier kennen gelernt. Wildschweine oder Rehe kommen aus den Klosterwäldern. Ein Lieblingsessen habe ich eigentlich nicht. Ich selbst bin Vegetarierin. Die vegetarische Kost wird hier auch bevorzugt, aber ein- bis zweimal wöchentlich gibt es auch Fleisch. Besonders schätzen die Gäste den Dinkelauflauf und frische Speisen mit Zutaten, die in unserem großen Garten wachsen. Salat, Obst und Gemüse sind sehr beliebt. Ich koche sehr gerne und kann damit unsere Gäste verwöhnen. Das bereitet mir sehr viel Freude. Außerdem habe ich mit dem Wildkräutertag einen ersten eigenen Kurs geleitet. Zu dem Angebot gehört vorweg eine kleine Wildkräuterkunde. Kräuter wie Giersch, Gundermann, Brennnessel, Scharbockskraut, Löwenzahn und Gänseblümchen werden vorgestellt und anschließend zu einem Wildkräutersalat, einer Wildkräuterquiche sowie einem Smoothie verarbeitet. Am Klosterbach finde ich es besonders schön.

Klänge, die berühren

Wenn Sr. Adelheid und Constanze auf ihren beiden Harfen zusammen spielen, dann geht mir das unter die Haut. Unsere romanische Krypta wird dann ein Resonanz-Raum, der uns umschließt. Ein Raum, in dem alle geborgen sind und sich wie in warme Töne eingewickelt fühlen. Ein Raum, in dem die Seele atmen kann. Zwei Harfen, die mit einander singen, spielen, korrespondieren und einen weiten Klang-Raum schaffen. Hier kann meine Seele sich öffnen und in der Tiefe berühren lassen.

Äbtissin Sr. Reinhild von Bibra

Kloster Wülfinghausen

31832 Springe
Telefon (0 50 44) 8 81 60
Fax (0 50 44) 88 16 79
www.kloster-wuelfinghausen
info@kloster-wuelfinghausen.de

Die Pforte des Klosters ist dienstags bis freitags von 10 Uhr bis 12 Uhr geöffnet. Die Klosterkirche ist täglich von 10 Uhr bis 17 Uhr geöffnet. Gebetszeiten in der Krypta: mittwochs bis samstags 8,12 und 18 Uhr, sonntags 18 Uhr. Montags ist die Communität nicht zu erreichen. Kloster- und Garten-Führungen finden vor den monatlichen Gottesdiensten jeweils um 15.30 Uhr, um 16.30 Uhr oder nach persönlicher Vereinbarung statt.

Im Gespräch mit Pastorin Marion Römer, Evangelisch-lutherische Landeskirche Hannovers

Wie sind Sie zu Ihrer jetzigen Aufgabe gekommen?

Nachdem ich gerade eine Weiterbildung „Geistliche Begleitung" abgeschlossen hatte, wurde nach einer Zeit der Vakanz wieder eine Pastorin zur geistlichen Begleitung der Klöster und Stifte im Bereich der Klosterkammer Hannover gesucht. Dass die Frauen in den Klöstern und Stiften ihre christlichen Wurzeln wahrnehmen und die Häuser in Gegenwart und Zukunft auch als geistliche Orte erlebt werden, ist mir ein Herzensanliegen. So habe ich gerne „ja" gesagt.

Was gefällt Ihnen besonders an dieser Tätigkeit?

Ich freue mich, dass ich in den Klöstern und Stiften viel von dem einbringen kann, was mir in meiner Berufsbiographie wichtig geworden ist. Mal sind es theologische Impulse, mal ist meine seelsorgerliche Kompetenz gefragt. Dann geht es um die Entwicklung des gemeinsamen geistlichen Lebens an einem Ort oder es ist ein Seminar zu halten, wo meine Erfahrungen aus pädagogischer Tätigkeit einfließen. Ich kann schöne Gottesdienste gestalten oder mitfeiern, und es macht mir Freude, Prozesse in den Gemeinschaften mit meinen Möglichkeiten zu begleiten. Ganz besonders gefällt mir, dass die Begegnungen mit Menschen im Mittelpunkt allen Tuns stehen.

Was ist für Sie die größte Herausforderung in Bezug auf die Zukunft der Häuser?

Die Häuser haben eine jahrhundertelange Tradition als Lebensorte von Frauengemeinschaften auf christlicher Grundlage. Als solche waren sie Orte der Inspiration nach innen und in Kirche und Gesellschaft hinein. Ich wünsche sehr, dass diese Tradition fortgeführt werden kann und sich immer wieder Frauen finden, die das Wagnis eines gemeinschaftlichen Lebens eingehen. Frauen für Klöster und Stifte zu gewinnen, die alleine leben können und dennoch in einer Gemeinschaft mit Frauen leben wollen – das ist eine Herausforderung, aber auch ein tolles Angebot. Und das Ganze dann auf christlicher Grundlage! Was diese christliche Grundlage sein soll und wie sie gelebt wird, das versteht sich ja heute überhaupt nicht mehr von selbst – das ist also eine weitere Herausforderung. Die Frage, wie noch berufstätige Frauen den Weg in die Häuser finden können, beschäftigt mich auch. Frauen stellen die Weichen für den Lebensabschnitt nach der Berufstätigkeit frühzeitig und wollen das aktiv gestalten – da wären zum Beispiel „weiche" Übergänge hilfreich.

Haben Sie Familie und hat diese Sie schon einmal auf dem Weg in die Klöster und Stifte begleitet?

Ja, ich bin verheiratet und habe drei inzwischen erwachsene Kinder. Die Familie hat mich in unterschiedlichen Konstellationen schon an verschiedene klösterliche Orte begleitet. Bei meiner Einführung im Kloster Wennigsen waren seinerzeit alle Kinder und auch mein Mann dabei.

An welche Begegnung mit einem Menschen in einem der Klöster und Stifte erinnern Sie sich besonders?

Da treten mir viele Begegnungen mit einzelnen Konventualinnen und Kapitularinnen vor Augen – im persönlichen seelsorgerlichen Gespräch oder bei der gemeinsamen Vorbereitung von Einkehrtagen. Ich denke aber auch an sehr schöne Begegnungen mit den Äbtissinnen oder ganzen Gemeinschaften, beim Bibliodrama während eines Klausurtages, bei einem Einführungsgottesdienst oder Fest, bei einer intensiven Konvents – oder Kapitelsitzung.

Was war bisher Ihr schönstes Erlebnis?

Es fällt mir schwer, ein einziges herausragendes Erlebnis zu benennen. Wenn ich begleiten kann, wo Frauen Ausdrucksformen für ihren Glauben suchen und um gemeinsames Leben miteinander ringen – da spüre ich ganz viel Lebendigkeit.

Worin liegt für Sie der größte Schatz der Stifte und Klöster?

Das sind für mich die Frauen, die sie mit Leben füllen – und auch alle Mitarbeiterinnen und Mitarbeiter in Haus, Hof, Garten und Klosterkammer, die ihren Beitrag dazu leisten, dass diese Orte in ihrer Schönheit erhalten bleiben. Ihre besondere Anziehungskraft und Ausstrahlung haben die Klöster und Stifte, weil Menschen hier an etwas anknüpfen, das lange vor ihnen da war. Klöster sind Orte der Gottsuche und der Gottes – und Menschenliebe. Davon erzählen die Gebäude, die Kunstwerke, Lieder und Gebete vergangener Generationen. Davon erzählen aber auch die Frauen, die heute an diesen Orten leben. Auf ihre je eigene Art und mit dem jeweiligen Profil des Hauses schreiben sie die Geschichte von Kloster oder Stift fort für nachfolgende Generationen. Dieser Schatz ist durch nichts zu ersetzen.